JN322267

◉反響が事前にわかる！

チラシの撒き方・作り方7ステップ

株式会社ダイトクコーポレーション
レスポンスアップコンサルタント **有田直美**

1. 既存客アンケート ▶ *2.* クリエイティブ開発 ▶ *3.* 見込み客アンケート ▶
4. テストチラシ ▶ *5.* 折込みエリア分析 ▶ *6.* チラシ折込み ▶ *7.* 結果検証

同文舘出版

はじめに

　はじめまして、有田直美と申します。
　私は約11年前にダイトクコーポレーションに入社し、営業として勤務してきました。
　ダイトクコーポレーションは折込みチラシ専門の印刷会社です。
　営業の仕事は「チラシの印刷を取ってくる」ことなのですが、チラシ印刷に求められる最大の要素は「価格」でした。
　幸い、ダイトクコーポレーションはコストパフォーマンスが大変高い企業でしたので、女性がニコニコしていて対応がよく、コストが安いとくれば、比較的仕事は取りやすかったのです。
　「価格」という武器があるところに、きれいで愛想のいい女性チームを作れば最強だな、と思いはじめ、3年後に課長に就任した時、実際にそのようなチームを作ってしまいました。

　私はお客様との打ち合わせの中で「印刷」の話だけをして帰るのがどうもつまらなかったので、
　「このチラシ、そんなに当たらない気がするんですが……」
　「私だったらあんまり買いたいと思わないんですよねぇ……」
　などと、わりと思ったことをハッキリと言ってしまっていました。
　もちろん、ずいぶんと親しくなってからのことではありますが。

　そんな時、多くのお客様は
　「じゃあ、有田さんならどんな風に作るの？　1回作ってみてよ」
　と言ってくださるので、しめたものです。
　私はすっかりウキウキして、
　こんな風に言われたら、絶対欲しくなる！
　こんな風に書いてあったら、絶対行きたくなる！
　いいなぁ……と私が思うように、ただただ、作ってみました。

そんな風にして作ったチラシが、おもしろいように次々に当たるのです。
　印刷会社が「印刷」だけを商売にするのではなく、お客様にとって本当に求めていた「レスポンス」に貢献することで、こんなに喜んでいただけるんだ！
　そう実感した私は、もう仕事が楽しくて楽しくて、仕方がありませんでした。

　「コストが安くて、その上、レスポンスの取れるデザインまで提案します！」
　そんな印刷会社は珍しかったのでしょう。いつしか私は営業部トップの成績を連続更新するようになり、トントン拍子で出世していきました。

　ところが、営業課長になったある日、ふと、ひとつのことに気づいたのです。当時、念願叶って女性だけの営業チームを作ってはいたものの、まだ若い20代の女性たちが、チラシの良し悪しが今ひとつわからないと言うのです。
　感覚的に「これが絶対にイイ！」と思ってチラシ作りをしていた私は、そんな彼女達にどうやってその感覚を教えればいいのかがわかりませんでした。
　それは、男性営業マンにも同じことが言えました。

　私と彼女達、彼らとの決定的な違いとは……？
　ありました！
　そうなんです、私は子供が2人いる母親であり、主婦なんです。

　世の中の折込みチラシのターゲットとは、ズバリ、主婦層です。
　正直、自分にはズバ抜けた才能があるのではないか、とずいぶんと調子に乗った時期もありましたが、そんなことはまったくなく、私は「折込みチラシを見るターゲット」そのものだったのです。
　クライアント企業の方々は、自分たちのサービスや商品を「どのように

売ったらいいだろうか」とよく聞いてこられます。
　どうやったら商品が売れるか、商品のどこをアピールしたらいいのか、ということを知りたがるのです。

　でも、商品を購入するお客様たちは、商品がどうのこうのではなく、「自分が何を求めているのか」を知ってほしいと思っています。
　若い男性社員によく言うのが、
　「女の子を口説きたいなら、俺は甲子園に出たとか、外車に乗っているとかそんなことをアピールするんじゃない。まずは彼女のニーズを知れ」
　ということ。

　だって、もし私なら、そんなに興味のない相手でも、大好きなエスニック料理の都内ナンバー１の店に連れて行ってあげると言われたら、すごく行きたい！　気の利く人だな、と思ってしまいます。
　この、「私だったら……」がとても大事で、チラシも同じことなんです。
　購入者のニーズを知るのが、いちばん大切。

　先日テレビを観ていたら、新しく海外から日本のマーケットに参入した北欧の雑貨ブランドが取り上げられていました。リーズナブルで何よりデザインが素敵！　と日本で大ブレイクしています。
　デザインを監修している、社長の奥様のコメントが印象的でした。

　「お客様が商品を使用しているシーンをいつも想像するの。このカップは新婚のご夫婦が朝食の時に幸せな気持ちになるかしら。このスプーンはお母さんが笑顔で子供に食べさせやすい形かしら、って」

　顧客がこの商品を使う「どの瞬間に最も喜びを感じるか」ということはとても重要です。顧客の満足度のピークと、商品のよさがクロスする瞬間をイメージすることが、商品作りにおいても、広告作りにおいても、最も重要なのではないかと思うのです。

私がなぜ、数々のヒットチラシを作れたのか？
　それはただ単純に、「私だったらこう言われたら買いたくなる」という顧客目線で広告を作っていたからに他なりません。
　そして私はその作業を、いつもワクワクと楽しみながら取り組んでいました。

　本書では、チラシのレスポンスを上げるための基本的な考え方を、7つのステップにしてご説明しています。
　本書を通じて、少しでも気づきがあれば大変嬉しく思います。

反響が事前にわかる！
チラシの撒き方・作り方7ステップ

Contents

はじめに

1章
そもそもチラシは何のために撒くのか

01　チラシはいつの時代も最強の営業マン！ ……… *012*

02　チラシのポジションとは？ ……… *015*

03　「最近チラシは反響が取れないよねぇ～」と言っているあなたへ ……… *017*

04　あなたの"チラシ力"診断　事例1
　　ターゲットにドンピシャなチラシが必ずしも一番ではない ……… *020*

05　あなたの"チラシ力"診断　事例2
　　制作者のほとんどが予測を外した「微妙な女心」 ……… *022*

06　あなたの"チラシ力"診断　事例3
　　そうだったのか！ お爺ちゃんお婆ちゃんは知っていた ……… *025*

07　当たるチラシと外れるチラシ ……… *028*

Column 1　チラシサイズのはなし
　　　　　なぜチラシの多くはB4なのか ……… *030*

2章
劇的ビフォー・アフター 驚くほど反響がアップする秘訣とは？

01　ヒットチラシから見出す共通点 ……… *034*

02　リフォーム会社
　　グッとくる「キャッチコピー」で電話殺到、ザクザク集客！ ……… *036*

03　化粧品通販
　　「都合のいいお客様」よりも「本当のお客様」に買っていただく方法 ……… *039*

04　不動産
　　売り手が全然わかっていなかったターゲット層の心理 ……… *042*

05　学習塾
　　あえて他がやらなかったことにチャレンジして大当たり！ ……… *045*

06　市況や環境がターゲットの心を変える ……… *049*

Column 2　チラシの紙質のはなし
　　　　　コート紙、上質紙、マットコート紙、ザラ紙——どう違う？ ……… *052*

3章
撒く前に反響がわかる「7ステップ」とは？

01　「7ステップ」誕生！ 大失敗から生まれた大きな発見 ……… *056*

02　いつでも誰でもわかる「顧客目線」を身につける方法 ……… *063*

03 「7ステップ」で、チラシの反響が撒く前にわかる！ ——— 067

Column 3　温度感の伝わるチラシは集客に効く
　　　　人は「漫画」を見てしまうもの ——— 070

4章 「7ステップ」でチラシを作ってみよう！【準備編】

● STEP1　既存顧客アンケート

　　なぜ、当社の商品を愛用してくれているのか？ ——— 074

　　「アンケート？　クレームが怖くてできないよ……」と言うけど、
　　知らないほうがもっと怖い！ ——— 080

　　お客様のハートをつかむアンケート用紙 ——— 083

　　お客様の本音がドンドン出てくるインタビューとは？ ——— 086

　　アンケートの結果集計表・分析シートの作り方 ——— 090

　　既存客がいない場合はどうすればいいか？【新規商品の場合】 ——— 095

● STEP2　クリエイティブ開発

　　なぜ、複数のデザインが必要なのか ——— 097

　　自社の世界観はどれ？　マトリックスを作って自社診断 ——— 102

　　ブランドは大事、でもユーザーのニーズも大事。
　　どうすればいいのか？ ——— 106

　　競合を意識したチラシ、市況を意識したチラシ、
　　今までの勝ちチラシ ——— 109

● STEP3　見込み客アンケート

　　どのデザインが当たるのか？　アンケートでテストする ——— 111

一体、どこで、誰に取ればいいのか？
「ターゲットは誰か」が肝心 ……… *115*

「何を聞くか」はとても重要。
アンケートの紙面はこう作ろう ……… *117*

驚き！のアンケート結果事例集 ……… *130*

Column 4　温度感の伝わるチラシは集客に効く
スタッフの顔をイラストで表現すれば
親近感アップ＆目立つ ……… *134*

5章 「7ステップ」でチラシを作ってみよう！【実施編】

- **STEP4　テストチラシ**
  候補に挙がったデザインで小さくテストしてみる ……… *138*
  印刷屋さんが教える、いろんな「スプリットテスト」 ……… *141*

- **STEP5　折込みエリア分析**
  魚のいるところに釣り糸をたらそう！ ……… *144*
  注目のスゴい折込み手法とは？ ……… *146*
  クラスター分析で自社のお客様が見えてくる！ ……… *149*

- **STEP6　チラシ折込み**
  新聞折込みチラシ、実施前に知っておくとよい知恵 ……… *151*
  本番チラシについて知りたいことあれこれ ……… *153*
  新聞折込みチラシとその他の有効な手段 ……… *156*

Column 5　温度感の伝わるチラシは集客に効く
　　　　　「嫌い！」と「好き！」は同じくらいのインパクト ―――― *158*

6章

実はココが一番大事！結果検証

- STEP7　結果検証
　　　　　次への知見をしっかりためること ―――― *162*

　　　　　CPA、CPO　結果を判断する集客指数でしっかり検証 ―――― *165*

　　　　　負けた時ほど「大事な時」 ―――― *168*

Column 6　カタチで差をつけろ
　　　　　真四角チラシ：かわいい！ 目立つ！
　　　　　長3チラシ：長っ！ 開いて驚く ―――― *170*

7章

7ステップ活用術と本当に大事にしたいこと

01　7ステップの気になる予算のはなし ―――― *174*

02　5万円でもできる！ コストを安く抑えるコツとは？ ―――― *179*

03　初心者版・簡単!! 誰でもいつでも7ステップ ―――― *182*

04 「チラシはたくさん作ってきたけど今ひとつ……」な方必見！
　　まずはコレから ―― *188*

05 売れる広告にするために　7ステップのまとめ ―― *191*

06 チラシ作りで本当に大事にしたいこと ―― *194*

Column 7　高レスポンスの王道レイアウトはコレだ!!
　　　　　「右斜めにメインコピー」は当たる！ ―― *198*

付録 必見!! 7ステップ実例集 VOL.1
愛用者インタビューで感動！　通販化粧品会社編 ―― *200*

付録 必見!! 7ステップ実例集 VOL.2
驚き！ 待ち型から提案型のお店へ　町の薬屋さん編 ―― *204*

付録 必見!! 7ステップ実例集 VOL.3
アピール内容が多くて驚いた!!　新開発の入浴剤編 ―― *208*

おわりに

カバーデザイン　齋藤稔（ジーラム）
本文デザイン・ＤＴＰ　新田由起子（ムーブ）
本文イラスト　有田笑里

1章

そもそもチラシは何のために撒くのか

Number 01

チラシはいつの時代も最強の営業マン！

- ☑ チラシはお客様の元へ飛び込んでいける媒体
- ☑ テレビCMと違って、取っておける
- ☑ 3年前のチラシを持って来店する方もいる
- ☑ 人の心をつかむチラシなら、反響が上がる

　ある日、自宅で折込みチラシを見ていたら苺がドーンと紙面に載っていて、「あなたの肌、大丈夫？」というコピーが踊っているではないですか。

　「あぁ〜コレ、コレ！　まさに私の小鼻のあたりはこの苺のブツブツそのものだわぁ……」と手に取り、ツルツル小鼻をめざしてその通販化粧品を即、購入しました。

　普段、何となく気になっていても、自分から調べてまで何とかしたい！　とは思わない問題が突然自分の前に現われ、「あなた、どうですか？　買いたいでしょ!?」と営業されて、「そーなの、そーなの、実はそーだったのよぉ」と共感の世界へ引きずりこまれる……。

　折込みチラシはあらゆる広告媒体の中でも、最も図々しく、突如目の前に、ジャーン‼　と現われる営業マンなのです。

　広告媒体の中でコレに近いのがテレビCMですよね？

　「食べたくなるなる、ケンタッキー」のCMで母は何度ケンタッキーを買いにいったことか……。

　ではこのテレビCMと折込みチラシは、何が違うのか？　折込みチラシの場合、**取っておくことができる**のです。

目の前にジャーン‼　と現われても、喉元過ぎれば熱さを忘れます。でも、折込みチラシの場合は、何となくそばに居座るんです。
　おそらく、ちょっと気に入られた子（チラシ）はすぐには捨てられず、折られて、タンスの上あたりに置かれたりします。

　こんな話を聞いたことがあります。
　あるハウスメーカーさんに、3年前のチラシを持って来店された方がいらっしゃったそうです。
　「こちらで家を建てることを目標に、夢を持ってがんばってきました。この広告のこんなイメージの家を建ててもらえませんか？」
　その言葉にメーカーのスタッフの方々は皆、感動し、とっくに終わっている3年前のキャンペーンを適用してお客様のマイホームの夢を叶えたそうです。それから彼らの営業理念は「3年かかっても建てたいと思う夢のマイホームへのお手伝い」になったとのことです。

　こんな話もありました。
　「いくらチラシを作ってもなかなか当たらない……どうしたらいいのだろう？」と悩んだ、ある広告のご担当者は、「いっそ、大して当たらないのだから、せっかくなら見てくれた人が思いっきり楽しいと思えるような紙面にしよう！」と考えて、「売る」ことよりも、見てくれた方々が「す

ごく楽しい」と思うような広告を作りました。
　ところが！　予想に反してその広告が大当たりしてしまったのです。
　開運のチラシでしたが、見た方々の中には、開運にさほど興味がない方もいらっしゃったかもしれません。
　でも、ふと見た広告が思いもよらず楽しくて、つい引き込まれ、「今なら特別特価でいかがですか？」と言われ、すっかりハッピーな気分になったその人は「じゃあ、ひとつ……」という気になったかもしれませんね。

　また、ある企業の広告では毎回「ためになる健康情報」を載せていました。普段は滅多に必要性を感じてない商品なのだけれど、ある主婦の方は、そのチラシを「VOL.1」からずっと保管していて、必要な時に取り出しては参考にしていたそうです。
　そしてある日、その方から注文が入りました。
　そこにはこんな手紙が入っていました。
　「いつもためになる情報をありがとうございます。お値段が安い他社のものはいくらでもあるけれど、必ずお宅の商品を購入しようと決めていました」

　私がダイトクコーポレーションに入社した際、上司から聞いたなかで最も印象に残っているのが「たかがチラシ、されどチラシ」という言葉です。
　たった1枚のチラシが見られる確率は、当たりチラシでも1000分の1くらいです。
　でも、作り手がターゲットの心をしっかりとつかむ正しい作り方をし、適切な撒き方をする、そして何より、想いを込めるということが、反響につながる大事なポイントなのです。

　突然ドーンと現れ直球で勝負してみたり、「ねぇねぇ、ちょっと考えてみて……」と、そっと寄り添うような変化球を投げてみたり……いつの時代も、作り方ひとつでチラシは最強の営業マンになるのです。

Number 02

チラシのポジションとは？

- ☑ 高齢者には新聞、主婦には折込みチラシ
- ☑ ビジネスマンにはWEB、スマホ
- ☑ 若い人にはスマホ
- ☑ 複数の媒体を組み合わせるとさらに効果的

さて、折込みチラシはそもそも、どういったシーンで使うと最も有効なものなのか？　整理してみましょう。

まず、世の中にある販促媒体（広告を載せることができるもの）には、
1テレビ、2ラジオ、3新聞、4交通広告、5チラシ、6WEB（パソコン）、7スマホ（携帯電話）
が代表的なものとして挙げられます。

それらがどのような人達に見られているか、大体の目安を示したものが次ページの図となります。

より高齢の方にアプローチしたい場合は新聞、主婦の方々ならスーパーのチラシのように折込みチラシ、働くビジネスマンなら交通広告やWEB、スマホ、若い方ならスマホ。マスメディアであるテレビはどの世代にもアプローチできる、といった具合です。

ですから、折込みチラシは主婦層や新聞購読率の高い家族世帯に有効な販促媒体と言えます。

店舗を持たずに広告のみで商品を売る、いわゆる「通信販売」などはチ

ラシに対する依存度はかなり高くなります。

　2000年からその後10年くらいは通信販売の黄金期と言われ、なんと当たりチラシひとつで100億円〜300億円企業に成長するケースもありました。もちろん、商品が優秀であることに他ならないのですが、その商品をどう表現したら最も魅力的に見えるのか、キャッチコピーや商品の載せ方、モデルの表情など微妙な違いで反響が大きく変わり、売上にも大きく影響するのです。

　通信販売のみならず、塾や不動産といったあらゆる企業に共通して言えることですが、ほんの少しの表現の違いで、チラシはものすごい反響を取ったり、まったく閑古鳥になってしまったりする本当に正直な媒体です。

　なお、今は情報をさまざまな媒体で入手できる時代ですから、それぞれ単体で使うのではなく、いくつかの媒体を組み合わせて実施する「クロスメディア広告」が普及しています。テレビで「明日の折込みチラシをご覧ください」と表示するのはテレビ&チラシのクロスメディア広告です。単純にチラシだけを撒くのに比べて2倍近い反響が期待できると言われています。

媒体ごとのターゲット層

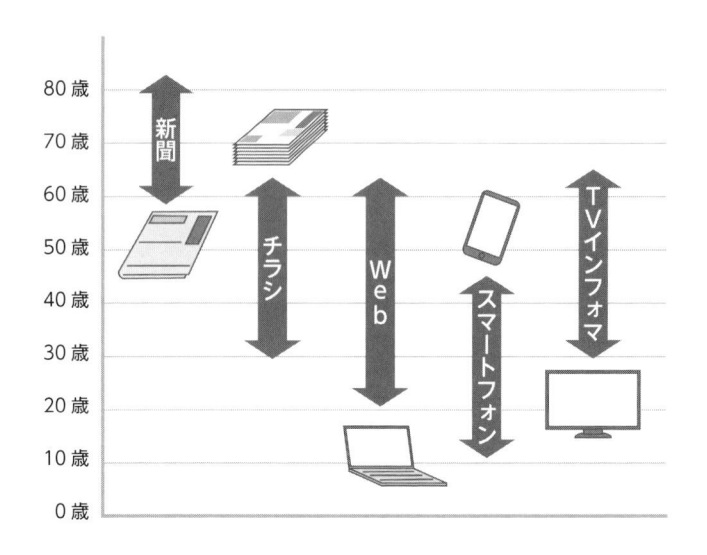

Number 03

「最近チラシは反響が取れないよねぇ〜」と言っているあなたへ

- ☑ 新聞購読数は低下している
- ☑ それに伴いチラシの購読率も下がっている
- ☑ 当たるチラシには一定の特徴がある
- ☑ チラシを当たらなくさせているのは製作者

　最近、「新聞の折込みチラシは反響が取れなくなってきたよねぇ」という声をよく聞きます。情報が多様化し、チラシに対する依存度が下がり、以前に比べると反響が取りにくくなってきていることは事実です。

　実際に、折込みチラシの「購読率」は現在のところどのくらいかご存じでしょうか？
　次ページの図は2014年現在までの東京都内の折込みチラシ購読率の年次推移です。新聞購読率が下降するのに伴い、折込みチラシの購読率も減り、反響に影響しているのかもしれません。
　こんなものを見てしまっては、ますます「チラシはもう以前みたいな効果はないよねぇ」と言いたくなってしまいますよね。

　でも、日々入ってくる新聞各紙に折込まれるチラシの量は、相変わらずだと思いませんか？　チラシを撒けば反響が見込めるから企業はチラシを撒くのだと思います。

　費用対効果が合わなければ企業は折込みチラシを実施しづらくなります

1章　そもそもチラシは何のために撒くのか

が、本当に新聞折込という「媒体」のせいだけなのでしょうか？

　右ページは、あるメーカーのサプリメントの折込みチラシです。

　この4種類の中で、必ず、何度やっても一番反響を取る広告があります。それがどれだかわかるでしょうか？

　おもしろいことに、ある一定の方々にこの質問をすると、大抵一番を当てることができるのです。

　もしあなたが、当たりを引き当てることができないとしたら、「最近チラシは反響が取れないよねぇ〜」という理由は、折込みチラシという媒体にあるのではなくて、"あなた"が広告を決めていることが原因かもしれませんよ。

　あ、ちょっと意地悪な言い方をしましたね。言い方を変えます。

　本来はもっと反響が取れるはずのチラシを、どんな広告（デザイン）で勝負するかを決めている人が、「反響の取れないもの」にしてしまっているのかもしれません。

▌日刊紙合計（朝刊）

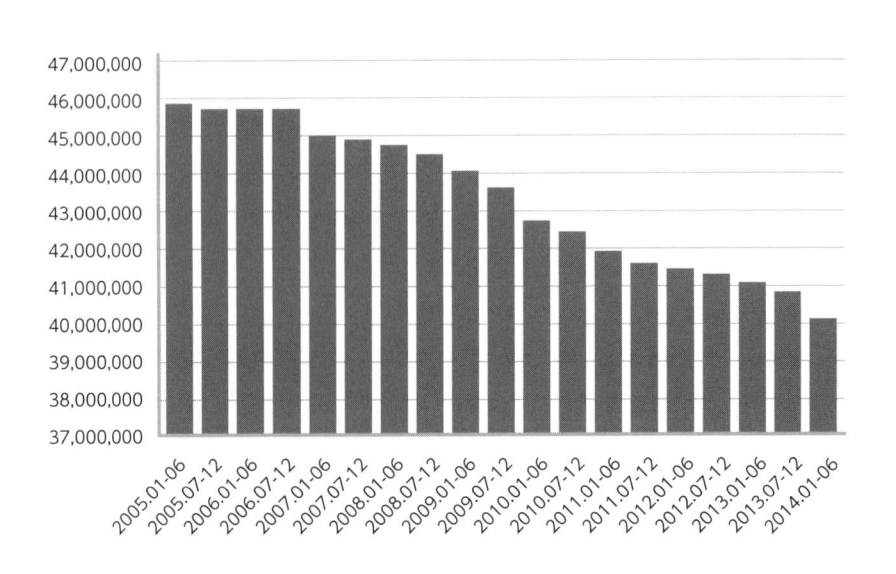

出所：一般社団法人日本ABC協会

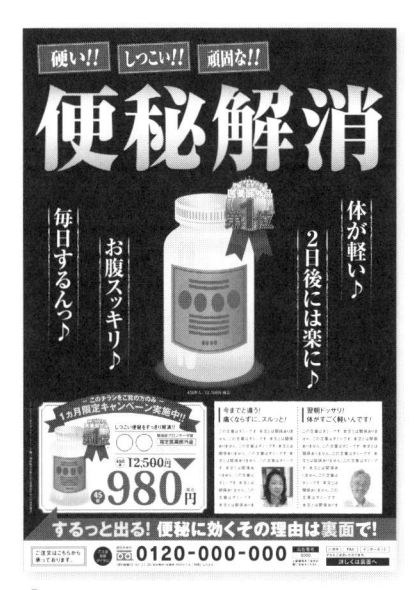

1章　そもそもチラシは何のために撒くのか

Number 04　あなたの"チラシ力"診断　事例1

ターゲットにドンピシャな
チラシが必ずしも一番ではない

- ☑ 効果をズバリ訴求すれば当たるとは限らない
- ☑ 女性はストレートに言われるのは嫌
- ☑ その「悩み」を持つ人の割合を考える

　さて、ここからはちょっとゲーム感覚であなたの「チラシ力診断」をしてみましょう。あまり深く考えず、直感で答えてみてください。

　19ページのチラシは、便秘に悩む女性をターゲットにした医薬部外品の商品なので、かなり強く効果を訴求したデザインになっています。

- A　ズバリ！　何に効くかを明確にし、誰のためのものかがはっきりわかる案です。黒い背景が商品を引き立たせ、いかにも効きそう！　といったイメージです。
- B　女性の関心度が高い「美容」にフォーカスした取材記事風の案。「あなたの悩みはもしかしてこれが原因かも？」と共感を起こさせ、チラシというよりタブロイド風に仕上げました。
- C　Aと同じく「ズバリ便秘訴求」ですが、ドクターを登場させることによってこの商品への信頼感をアップさせた案。年齢が高めの方に響きそうなイメージですね。
- D　未来予想案。これを飲んだら具体的にこうなりますよ、といった成功した結果を"ウエストのくびれ"というイメージとして表現した案です。

さあ、どれがいちばん当たるチラシでしょうか。

では、答えを言います。一番反響があったのは「D」です。

当初、制作者・企画者サイドの仮説は実は「A」でした。
「A」は実際には2位なので、そんなに外してはいないのですが、なぜ「D」には負けるのでしょうか。

後の調査でわかったことですが、「A」は「今すぐ何とかしたい！」、すなわち便秘で本当に困っている人向けのものだったのです。
一方の「D」は「何となく便秘気味……」の方に多く支持されたもので、このような方々は「あなた、便秘でしょ。コレ飲みなさいよ」と言われているような「A」には嫌悪感を示したのです。
これは、中身が同じであっても、少しでも美しいパッケージやブランドの化粧品を使用する自分でありたいという女性心理にも共通したことが言えます。
要は全体に対しての割合の問題です。
頑固な便秘でどうしようもない人より、「便秘気味なのよねぇ」くらいの人のほうが、**全体に対して占める割合が多い**ということなのです。

1章 そもそもチラシは何のために撒くのか

Number 05　あなたの"チラシ力"診断　事例2

制作者のほとんどが予測を外した「微妙な女心」

- ☑ チラシは2秒でよし悪しを判断される
- ☑ 折込みチラシのターゲットは中高年女性
- ☑ 女性は実年齢より若いデザインを選ぶ

　次は、ある大手メーカーのサプリメントのチラシです。なかなか疲れがとれない人のためのサプリメント。購入ターゲットは中高年の女性です。

E　ターゲットが中高年の女性ですから、中高年の悩みを問いかけています。イメージとして使った写真も50代後半の女性がモデルです。

F　「E」とまったく同じデザインですが、写真のモデルだけが若い女性になっています。

G　潜在的なターゲットには、お爺ちゃん、お婆ちゃん、お父さんもお母さんも含まれるはずだということで、全員が登場。たくさんの方が"自分ごと化"できるよう見せました。

H　ポジティブ案といって、普段はなかなか疲れがとれないのだけど、サプリを飲んだ今日はよく寝られたという内容です。

　さあ、どれがいちばん当たるチラシでしょうか。
　私のセミナーでクイズを出してみると、一番多かった意見は、ポジティブ案の「H」でした。
　ところが、実際は「F」が1位です。

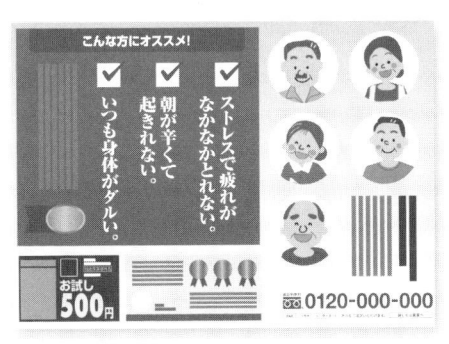

1章　そもそもチラシは何のために撒くのか

セミナーにもある程度の人数が集まっているわけですから、統計学的に正解に近くなるんじゃないかという気がしますが、ここでのポイントは「折込みチラシのターゲットはあくまで**中高年のおば様である**」ということ。セミナーの参加者には男性が多かったので、ズレが出たんですね。

　「F」が当たった理由としては、まず、文字が少なくわかりやすいこと。広告業界には「チラシ2秒」（チラシは2秒でよし悪しを判断されるもの）という言葉がありますが、チラシは伝えたいことがひと目でわかるものがいいのです。
　また女性の場合、ズバリ同じ年齢の人たちの写真が出てくるよりは、少し若めで、なおかつ自分よりよいイメージで表現されているほうが購買欲が上がるのです。
　男性のみなさん、美容室などで美容師さんが自分の年齢にドンピシャな雑誌を持ってこられると女性は少しイラッとするのをご存じですか？　女性はいくつになっても若く見られたい、実年齢よりも若く表現されたものを見て購入したいという「女心の機微」があるものなのです。

Number 06　あなたの"チラシ力"診断　事例3

そうだったのか！
お爺ちゃんお婆ちゃんは
知っていた

- ☑ 作り手とターゲットにはギャップがある
- ☑ 市場で何が起こっていたか？　を知る
- ☑ 「そんなこと知っている」はピンとこない

　27ページのチラシ4種はどれも産地直送の「お茶」のチラシです。

　ちょうどこのチラシを作った2年ほど前、この地域のお茶が「癌に効く！」とテレビやマスコミで大変話題になりました。この地域に住む方々は子供の頃からこのお茶を常飲していて、「健康長寿の町」「癌死亡率 最低の町」と言われてきました。

　そこで、より多くの方にこの地域のお茶のよさを知ってもらって買っていただこうと、チラシを作りました。

　企画・制作チームは、どのように表現したらこのお茶のよさが伝わり、皆さまに買っていただけるのかを考えて、10パターンほどの案を出した末に4種に絞りました。それが次の4種です。

I　和の匠が登場し、このお茶の素晴らしさを推奨していることをアピールしています。

J　栄養満点。いろいろな栄養成分が入っているお茶だよ、他のお茶とは違うんですよ、と伝えています。

K　デザインを重視。とても高価な価値のあるデザインにして、でもワンコインでお試しできますよ、という点をアピールしています。

1章　そもそもチラシは何のために撒くのか

L　ズバリ、産地直送を前面に押し出しています。

さあ、どれが当たったのかを考えてみてください。

答えは「L」です。
制作チームは30代〜40代の人間ばかりで、このお茶の効果効能を事前には知らなかったのですが、驚いたことに、このチラシの主な購入層である60代以上のお爺ちゃん、お婆ちゃん達は**このお茶が「癌に効く」ことを70％くらいの割合で知っていたのです！**（ダイトクコーポレーション調べ）
ということは、いまさら「I」や「J」のようにこのお茶のすごさをアピールされてもそんなに「おっ！」という感じではないし、「K」はこの地域のお茶でなくてもよくある内容なのでピンとこない……といった状況でした。
また、あまりにも有名になったために都内のスーパーやコンビニでも、このお茶が売り出されているほどでした。
したがって、お爺ちゃん、お婆ちゃんからすると地方のお茶屋さんからわざわざ買いたくなる購入マインドの第1位は「産地直送の新茶をフワッとする茶畑の香りとともに楽しみたい」だったのです。

1章　そもそもチラシは何のために撒くのか

Number 07
当たるチラシと外れるチラシ

- ☑ 「私の好み＝当たり」ではない
- ☑ "当たり"を当てられないのがほとんど
- ☑ 「ある方法」を使えば予測できる

さて、あなたはどれくらい当てることができましたか？

もしあなたが全然当てることができなかったとしても、大丈夫です。

なぜなら、私はセミナーでもこの質問を必ずしているのですが、すべて当たる人はほとんどいないのですから。

正直申しますと、私自身も1勝2敗です。便秘のチラシとお茶のチラシを外しました。

でも、長く広告の仕事をしていると、「有田さん、どれが当たると思いますか？」とか、時には「有田さんがいいと思うもので実施したいと思います」などと言っていただけるのです。

おそらく、当たる広告の制作実績がそれなりに多いので、そのように言ってくださるのだと思います。

でも、私にも、デザインを見た時点ではどれが一番反響が取れるかはわからないのです。

もちろん、自分の主観で「私だったらコレがいいな」ということはお答えいたしますが、それが必ず反響を取る自信などありません。

きっと、読者のみなさんも同じだったのではないでしょうか。

ここまで、3つの事例を出してお話ししました。
　結局、「チラシは折り込んでみないと当たるか外れるかがわからない」という印象をお持ちになったのではないでしょうか？
　実施前に当たるか外れるかなど、わかるわけがない……と。
　普通に考えたらそうですし、もしそれがわかればそんなに楽なことはないですよね。

　ところが、「ある方法」を使えばその"予測"が可能になります。

　チラシは適切な作り方をすれば、ターゲットに響くか響かないか予測が可能になるのです。
　さぁ、その「ある方法」とは何なのでしょうか。

　本書ではその方法を手順とともに、わかりやすく解説していきます。

1章　そもそもチラシは何のために撒くのか

Column 1 ▶ チラシのサイズのはなし

なぜチラシの多くは B4 なのか

　チラシのサイズはほとんどがＢ４サイズです。なぜ、Ｂ４チラシがそんなに多いのでしょうか？
　Ａ４とかＡ３サイズがもっとあってもいいと思いませんか？

　実は日本では、チラシを刷る機械は圧倒的にＢ輪転機が多いのです。Ｂ輪転機の印刷会社のほうが圧倒的に多いため、価格競争が激しく、サイズの小さいＡサイズより、Ｂサイズのほうが印刷代が安くなるケースが多々あるのです。
　そして、新聞への折込み代はＢ４もＡ４も同じ料金です。でもサイズはＢ４のほうが大きい。
　人の視覚にパッと目に入って情報量も適度に取れるＢ４サイズがチラシにおいてはスタンダード、ということをまずは押さえておいてください。

　ではＢ３、Ｂ２はどんな時に使うのでしょうか？
　それは掲載する商品点数が多いかどうかによって決まります。
　家電ショップのチラシなどは「安いよ」と書いてあるだけでなく、具体的に「何がいくら」と目に見える物があって自分が潜在的に欲しいなと思っていたものであれば購買意欲をそそります。ですから大きい紙面を使うか否かの一番の要因は掲載アイテム、点数に影響されるかと思います。
　化粧品チラシでもＢ４よりもＢ３にしたほうが反応率は上がるケースがほとんどです。
　ネックになるのは印刷代と折込み代ですが、Ｂ４からＢ３になって金額が倍になるわけではなく、大体 1.5 倍くらいです。

ある日曜日の新聞に折り込まれていたチラシの数

B4 サイズ	14 枚
B3 サイズ	3 枚　（大手家電ショップ、ホームセンター、中古車販売）
B2 サイズ	1 枚　（イオン、ジャスコ等ショッピングモール）
B5 サイズ	1 枚

●チラシの費用対効果

B4 サイズ：100 人集客・50 万円の経費　1 人あたり 5,000 円で集客
B3 サイズ：140 人集客・80 万円の経費　1 人あたり 5,714 円で集客

家電ショップやホームセンター、ショッピングモール

大きいサイズのほうが集客効果が高い

リフォーム、塾、飲食店

B3 では費用対効果が合わない（オープンチラシやリニューアルチラシなど告知性が求められる場合は、認知度を上げるためにＢ3やＢ2を使用）

A判とB判

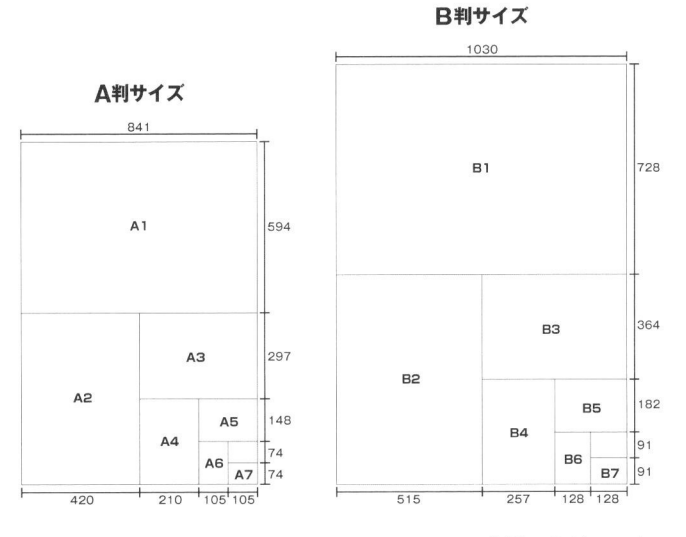

A判サイズ

- A1: 841 × 594
- A2: 420
- A3: 297
- A4: 210, 148
- A5
- A6: 105, 74
- A7: 105, 74

B判サイズ

- B1: 1030 × 728
- B2: 515
- B3: 364
- B4: 257, 182
- B5
- B6: 128, 91
- B7: 128, 91

単位：ミリメートル

2章

劇的ビフォー・アフター 驚くほど反響がアップする秘訣とは？

Number 01
ヒットチラシから見出す共通点

- ☑ 成功の裏には共通点がある
- ☑ 誰が欲しいのか
- ☑ どんな状況にいるのか
- ☑ どんな影響を受けているのか

　私はこの「7ステップ」というビジネスプログラムを立案した時に、最も信頼のおける、社会的に地位のある10人の方々に、これについてどう思うか？　と聞いてまわりました。

　その中のある方からは、「有田さん、これはアメリカでベストセラーになった『ビジョナリー・カンパニー』という本と考え方が似ているね」と言われたのです。

　『ビジョナリー・カンパニー』とは、業界で卓越した企業（ビジョンを持った企業）の成功事例を集めた世界的に著名な本で、経営者の間では不朽の名作と呼ばれているものです。

　そのような立派なものと似ている、とはおこがましくて恐縮してしまったのですが、要はこういうことなのです。

「成功している理由の裏には共通のセオリーがある」

　そうなんです。
　実は、この7ステップを見出す前に私はあることをしたのです。
　それは私が入社以来、過去10年間で大当たりしたチラシの成功事例を

できる限りひっぱり出して、すべて並べてみることでした。
　その頃はなかなかチラシが当たらなくなってきて、せめて過去の事例から何かヒントをつかめないか？　と必死になっていたのです。
　そうしたところ、あるひとつの共通点がありました。

　その最も代表的なものが「顧客目線」です。
　もちろん、ヒットする要因はさまざまなのですが、基本的に
　誰がこの商品（または情報）を欲しているのか？
　その人はどんな状況にいるのか？
　世の中の動きや市況はどのような状態で、顧客の心情にどう影響しているのか？

　つまり、ターゲットとなる「顧客」を知らなければ、その人たちに響く広告など作れない、ということなのです。もしそれが欠落していて仮に当たったとしたら、それは"まぐれ"です。

　①誰が？　②どんな状況で？　③どういう影響を受けているか？

　これが最も重要なのです。

　この章では、過去の大ヒットチラシには一体どんなものがあるのかを一挙公開します。
　さぁ、見ていきましょう。

2章　劇的ビフォー・アフター　驚くほど反響がアップする秘訣とは？

Number 02　リフォーム会社

グッとくる「キャッチコピー」で電話殺到、ザクザク集客！

- ☑ 理屈よりパッと見
- ☑ 売り手のアピールより買い手のニーズ
- ☑ 視点の転換が必要

　38ページは、あるリフォーム会社の例です。私がまだ入社半年、新人の頃に担当したお客様です。

　当時はビフォーのようなチラシを打っていました。

「日本全国でリフォームフェアを開催しています、それだけ大規模な会社ですよ」

というチラシですね。

　B3判で何百万枚も刷っていましたから、1回の印刷で1000万円ほどの印刷売上が見込めるお得意様です。でも私はお客様に正直に言いました。

「すみません。このチラシ、あまりドキドキしないんです。このチラシを見ても、すぐに行ってみたい、と思えないんです」

「それなら、有田さんだったらどんなチラシがいいと思う？ 作ってみてよ……」

という話になり、デザイナーと一緒に考えました。

　私だったらまず、「何が手に入る！」とイメージできるものが目に飛び込んでくるほうがいいな、でも38万円とか56万円とか言われても、そん

なお金は出せない、と思いました。

　では、どうしたらいいだろうと考えた結果、「1万円リフォーム」というコピーを真ん中に大きく走らせました。月に1万円でいいよと言われたら、なんとか捻出できるかもしれないと考えるわけです。

　女性は論理的に攻められるよりも、ぱっと見た時にコレ！　というものがわかりやすく表現されているほうがいい。

　そして具体的に「月々これくらい」を示してくれたらグッと購入マインドは上がります。

　こういったチラシを**提案型チラシ**と言います。

　月々1万円でお風呂やキッチンがリフォームできる、という見せ方にしたところ、アフターのチラシではレスポンスが前回比170％にアップ。ビフォーが4月、アフターが同年の7月です。

　ビフォーのチラシで約7000万円だった売上が、アフターでは1億円を超える結果となりました。

　成功のポイントは、視点を変えたことにあります。

　「日本全国でやっているんだよ」という、売る側のアピールではなく、購入者にどんなニーズがあるか、何を言ってもらったら嬉しいのかをチラシに表現したことが大ヒットにつながりました。

2-2before

2-2after

Number 03　化粧品通販

「都合のいいお客様」よりも「本当のお客様」に買っていただく方法

- ☑ 反響があればいいという訳ではない
- ☑ リアルな声が本物を呼ぶ
- ☑ 「私にとってどういいのか？」を伝える

　次は化粧品通販の「お試しセット」のチラシです。
　お試しセット購入者にポーチをプレゼントするという内容で、もともと、とても大きな反響があったチラシです。ビフォーのチラシを何千万枚も配布して、大きなレスポンスを取っていました。

　折込みチラシは1000部につき1人の反響があれば成功と言われます（不動産のような高額商品ではもっと少なくなります）。
　この化粧品チラシの場合、10万部折込みをすると100件以上はオーダーがきていましたから、十分に成功している部類でした。

　ところがある日、この化粧品会社の方から相談を受けました。
　「有田さん、困ったことがあるんだよ」
　どういうことかと尋ねると、
　「レスポンスはいいんだけど、全然、その後の商品の購入に結びつかないんだ。どうしたらいい？」と言われたのです。
　このチラシを見てトライアルセットを購入する人は、みんなポーチ目当てなんですね。ポーチ付きのトライアルセットは約1200円ですが、本商

品は約 4000 円の化粧水。本商品の購入に至らないのでどうしよう、と。
　言われてみればもっともだと思いました。
　だって、ビフォーのチラシでは、「コラーゲンが○ mg 入っている」ということが大きくアピールされていますが、それがいったいどれほどの量なのか、女性にはピンとこないのです。

　そこで、アフターのチラシを作りました。キレイな肌の体験モデルの写真をドーンと大きく使っています。実はこのモデル、私の先輩でした。当時 46 歳で、もちろん素人ですが、少し日焼けの跡が気になる程度で比較的肌がきれいな女性です。
　３ヶ月間、彼女にこの年齢化粧品を使ってもらって実際の感想を聞いたところ、
　「こんなにパッと明るく、もちもちの肌になるんですね！」
　と言うので、その言葉をそのままコピーに使いました。
　このアフターのチラシが大ヒット。購入ターゲットが求めていたのは、コラーゲンがどれだけ入っているかということじゃなくて、"私の肌をどうしてくれるの" ということだったのです。
　ですから、そこをリアルに訴え、さらに今ならポーチもつけるからお試しくださいという、この流れが記録的なヒットを生みました。

2-3before

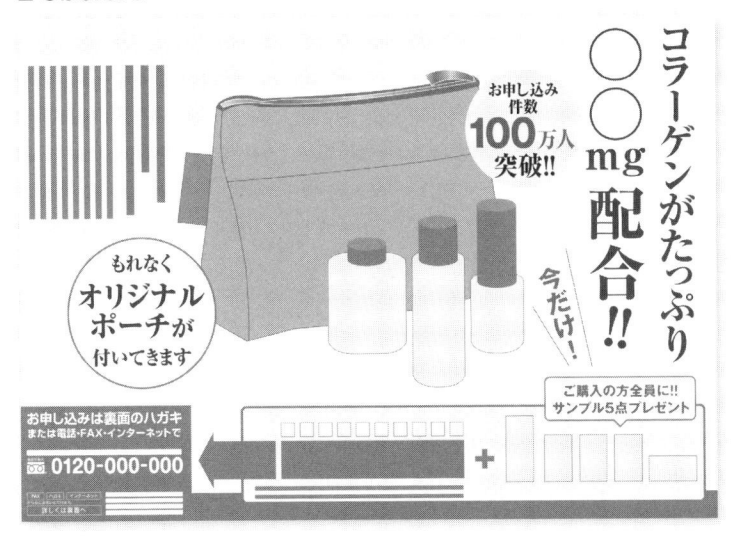

コラーゲンがたっぷり
○○mg配合!!
今だけ!

お申し込み件数
100万人突破!!

もれなく
オリジナル
ポーチが
付いてきます

ご購入の方全員に!!
サンプル5点プレゼント

お申し込みは裏面のハガキ
または電話・FAX・インターネットで
0120-000-000

2-3after

こんなに
パッと明るく! もちもちの肌に!!
もう手放せない!

100万人が実感!

スーッとしみこんでぷるん!

46歳

¥0,000 +

0120-000-000

2章 劇的ビフォー・アフター 驚くほど反響がアップする秘訣とは？

Number 04　不動産

売り手が全然わかって
いなかったターゲット層の心理

- ☑「答えは現場で……」が一番！
- ☑ 企業側と顧客にはギャップがある
- ☑ 他社がやっていないことをやる

　ある不動産会社の成功事例を見てみましょう。44ページは新築マンションのモデルルームへの集客チラシです。
　ビフォーのようなチラシはよく目にするのではないでしょうか。立地はどこで、間取り図はこうなっている……。

　当社はアフターのチラシを作りました。
　モデルルームへの「突撃レポート型チラシ」です。
　まず、マンション購入者の年齢に近い、35歳くらいの当社スタッフを実際にモデルルームに連れて行き、感じたことを思うままに言ってもらいました。
　現地を突撃レポートして臨場感のあるものにしたかったからです。

「照明が自動で点灯するわっ」
「すごーい！　ボタンひとつ押せばお風呂の床が温かくなるんだー」など、皆、思い思いに興奮しながら好き勝手なことを言いました。
　私が玄関のドアホンがカラーモニターである事に感激していると、営業マンの方が「有田さん、そんなことも知らないんですかー？　もうだ

いぶ前からですよー」と、ニコニコしながら言われたのです。
　そこで私は、
「そりゃ、知らないですよ。だって家を購入するのなんて一生に二度あるかないかですから。最近の流行なんて、主婦は知らないんです」
　と、ニッコリ言いました。

　その瞬間、コレだ！　と思いました。
　企業側の主観と実際の顧客の視点のギャップはここにあると思い、その時のスタッフのド素人な会話そのものをそのまま吹き出しにしてデザインしたのです。当社スタッフがレポーターになり、案内役は不動産会社の方に登場していただきました。

　不動産の場合、通常は10万部あたりのレスポンスが5〜6件と言われますが、なんとこのチラシでは15件以上のレスポンスがあり、そのうち成約が4件‼
　1物件が3000万円〜3500万円のマンションですから、4件売れて万々歳という結果になりました。

　実はここで取り上げた設備の素晴らしさは、お隣の他社のショールームに行っても体感できたはずです。でも、少なくとも当時このようなチラシを作っている不動産会社はありませんでした。
　先ほど書いたように、顧客である主婦は、家のあらゆる機能が以前に比べて便利になっていることなど、知らないことが多いのです。
　そこにこのような広告を送り届けると、まるでテーマパークであるかのように、楽しんで来場してもらえます。そして予想以上に快適な暮らしがイメージできたところに、営業の方がさりげなく力強いクロージング、とくれば成約率も上がるわけです。
　顧客目線、プラス「他社がやっていないこと」で顧客のハートを見事につかんだ事例でした。

2章　劇的ビフォー・アフター　驚くほど反響がアップする秘訣とは？　　043

2-4before

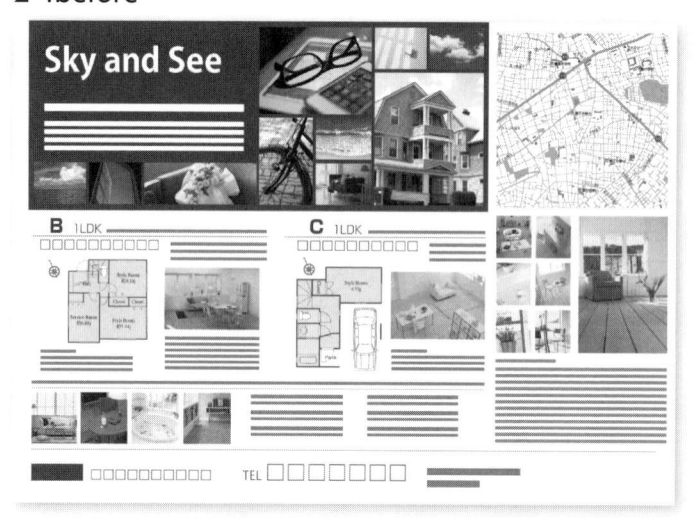

2-4after

Number 05　学習塾

あえて他がやらなかったことに
チャレンジして大当たり！

- ☑ 男性は左脳、女性は右脳
- ☑ 女性は「文字たくさん」が嫌
- ☑ 「お母さんの気持ち」で共感させる

47ページのある学習塾のチラシの例をご覧ください。

アフターのチラシはビフォーと比べて、レスポンス率が180％にアップしました。

学習塾のチラシというと、どこも、ビフォーのようなイメージのものが多いんです。どれだけ成績を上げますよ、とか、進学先はどこだとか、実績がびっちり書かれています。

一般的に女性は文字が多いのが苦手です。文字を読むのがものすごく苦手なんです。

以前教わったことですが、男性は左脳で物事を考える、女性は右脳で考えるそうです。

右脳で考えるとは、かわいい、キレイ、すてきとか、見たものが好きか嫌いか、パッションで話すのです。

一方の男性は、根拠がきちんとしているか、本当に正しいのかということを見るそうです。ビフォーはまさに、男性の作ったチラシなんですね。

ではアフターのチラシを見てください。こちらはモデルの子供のイメージが全面に出ていて、文字が少ない。こんなチラシで塾に人を呼べるので

2章　劇的ビフォー・アフター　驚くほど反響がアップする秘訣とは？

しょうか。

　当時、この学習塾のチラシは別の大手印刷会社で印刷していました。私は新人の女性営業と一緒に、飛び込みで営業に伺いました。その時、たまたまその学習塾の方が私たちに見せたのが、アフターのデザインのチラシです。

　アフターのチラシをデザイナーが出してきた時、この学習塾の上層部の方は大反対だったそうです。この地域トップ校の合格者数がエリアNo.1だという自慢のポイントが小さく書かれているのだから、そんなデザインを採用するわけないだろう、と。

　そこへちょうど飛び込み営業をかけてきたのが私たちでした。「これ、どう思う？」と聞かれて、私は「すごくいいと思います!!」と即答しました。かわいらしい不安げな表情に我が子を重ね、いとおしさすら感じたのです。
　私の子供は当時小学校1年生でしたが、成績があまりよくありませんでした。アフターのチラシを見て、「ここならウチの子でも大丈夫そう！」と思ったのです。勉強が苦手な息子を連れて行っても、文句を言われなさそうな優しさを感じました。
　そういう安心感も手伝って、その後、実際に息子をその塾に入れてしまったほどです。

　結局、この時に印刷を受注できることになりました。このクライアントからは初の受注でしたが、いきなり100万部。ちょうど夏季講習前だったので、まさに明暗が分かれる勝負チラシでしたが、これが大反響。ものすごい電話の鳴り方でした。
　その後、この学習塾では「ゲームばかりしないの！」「宿題はやったの⁉」といった、お母さんの気持ちを体現したキャッチコピーの広告をどんどん作りはじめました。

2-5before1

2-5before2

2-5after1

2-5after2

2章 劇的ビフォー・アフター　驚くほど反響がアップする秘訣とは？　047

結果、広告のレスポンス（資料請求者数）が対前年比、約2倍という記録的な数字をあげました。

　このような写真を全面に使った広告のことを、私たちはビジュアル先行型と呼んでいます。イメージを前面に打ち出すタイプです。
　男性からすると、こんなチラシで人が来るのか？　と思うかもしれませんが、ターゲットになるお母さんたちは、自分の子供を連想したり、自分が普段使っている言葉が出てきたりすることで親近感を持ちます。
　この事例の場合は、お母さん大丈夫です、できない子なんていないから、コツだけ教えてあげますよ、という、それが伝わったチラシでした。

　ここまでの流れで、広告作りの最大の秘訣は冒頭でお伝えした

「顧客目線のチラシ」

ということがだいぶ見えてきたのではないでしょうか。
　では、このタイプのチラシを配り続ければ、ずっと高いレスポンスを取り続けられるのではないかと思えますが……実は、そうは言っていられない事態となってしまったのです。

Number 06

市況や環境が
ターゲットの心を変える

- ☑ 当たりチラシは真似される
- ☑ 顧客は「飽きる」もの
- ☑ 真似が増えると「飽きる」
- ☑ どんな状況か、どう影響を受けているか、が大事

　先ほどの大当たりした塾のチラシは、爆発的なレスポンスを誇ったあと、いくつものライバル塾が似たようなイメージ先行型のチラシをドンドン作りはじめました。

　もう、次から次へと……。

　クライアントの担当者と2人で笑ってしまうくらいの真似のされようでした。

　追随されるのはいいのですが、ここまで真似されるのはどうなのかと思うくらい似たものもありました。それから1年間、このエリアの学習塾のチラシは、どれも見事に文字が少ないイメージ先行型ばかりでした。

　いくら反響が取れても、すぐに真似されてしまう。

　するとどんなことが起こるかと言うと……そうなんです。

　他のチラシに紛れて目新しさがなくなってしまい、反響が取れなくなってしまうのです。

　また、「紛れる」だけでなく、時間の経過によって顧客の心理が「飽きる」という要素もあります。

私はそれをリアルに体感いただくために、セミナーで「今でしょ！」で大ブレイクした林修先生の画像を映して皆さんの反応を見ていました。
　2013年は皆さんよくウケてくださって、会場がドッと沸いたものです。
　ところが翌2014年になると、シーンとしてしまい、少しひきつって笑われている方が多数……（林先生、ごめんなさい……）。

　「紛れる」も「飽きる」も、いずれも鮮度の問題です。
　顧客マインドが重要であることは事実だけれど、過去のではない、旬の、今の顧客マインドが必要だということなのです。

　こんなこともありました。
　美白化粧品の広告で2013年には「シミに効く！」という強烈なコピーで反響が取れていたものの、翌2014年になると当たらなくなってきたのです。
　それは、多くの方がご存じの某化粧品メーカーの白斑事件が大きく影響しています。
　2013年のある美容調査では、「効果」は最上位にありましたが、この事件の翌年2014年には順位がかなり下がり、変わって「安全・安心・信頼」といったキーワードが上位に上がってきました。
　顧客を取り囲む「市況」や「環境」「時事」が大きく影響した結果だということがわかります。

　したがって、チラシを作る上で「顧客マインド」以外にもうひとつ、とても重要なのが、**「ターゲットである顧客がどんな影響を受け、どのような状態にいるのか」**ということなのです。
　チラシ作りにおいて重要なポイントは、大きく２つ。

---

①商品のターゲットである「顧客マインド」を知る
②その顧客がどのような外的影響を受けているのかを知る

誰がこの商品（または情報）を欲しているのか？
世の中の動きや市況がどのような状態で顧客の心情に影響しているのか？

つまりターゲットとなる「顧客」を知らなければ、その人たちに響く広告など作れない、ということなのです。

2章 劇的ビフォー・アフター 驚くほど反響がアップする秘訣とは？

■ Column 2 ▶チラシの紙質のはなし
コート紙、上質紙、マットコート紙、ザラ紙――どう違う？

　チラシの「紙質」について、ご存じですか？
　実はチラシの用紙にはかなり多くの種類があって、主に掲載内容によって使い分けられています。
　一番一般的なのは「コート紙」で、他に「上質紙」「マットコート紙」「ザラ紙」などがあります。
　特徴をひと言で表わすと、次のようになります。
コート紙：鮮度しゃきしゃき！　艶・色くっきり！
上質紙：ほっこり、暖かい、日本の「和」
マットコート紙：しっとりとした高級感
ザラ紙：頼りないのに大反響!?

　上質紙を使って、大ヒットした通販チラシに、お婆さんが身体を丸めた後姿が印象的なチラシがありました。日本の典型的な優しさがにじみ出たお婆さんのイラストで何とも風情がありました。健康食品の広告でしたが、年老いた背中がいかにも切なく弱々しくて、「健康食品とってあげなきゃ」と思った子世代や、「あぁ、こうなってしまう前に私も……」と思ったご本人がたくさんいました。
　ある時、同じデザインでコート紙、マットコート紙、上質紙の3種をテストして反響を比べたことがあります。サプリメントの広告で、表面に大きくモデルさんがレイアウトされていました。結果はマットコートが一番。もちろんデザインや商品にもよりますが、高級感があるので商品の価値が上がって見えたのでしょう。
　商品や会社の信頼性を上げたい場合にマットコート紙は適していると言えます。会社案内やパンフレット等にも多く利用されています。

レスポンス率にはチラシの紙質も関わる

コート紙	光沢があって写真がきれいに生えるため、フレッシュな野菜、果物、肉、魚といった生鮮食品や、女優さんやモデルさんなど肌艶をきれいに見せる場合に使われる。難点はあまりに多く使用されている用紙のため、目立たず、埋もれがちなこと。また、インクをはじく性質のため、チラシに「はがき」をつける場合には不向き。蛍光灯の光が反射して文字が見えづらいため、ターゲットがお年寄りの場合も不向き。
上質紙	コピー用紙、ノート、雑誌、事務伝票、メモ帳などに使われる紙。表・裏ともコートされておらず、表面はパルプが露出しているのでインクをダイレクトに吸収しやすく、「色沈み」によって暗く見えることもあるが、「風合いが優しく、温度感があって温かみがある」印象にもなるのが特徴。「洋的」なイメージではなく、「和的」な演出に向いている。ツルツルとしたコート紙と比べてしっかり文字が書けるため、「はがき」に適する。艶がないので目がチカチカすることもない。
マットコート紙	コート紙と上質紙の中間の紙。艶や光沢がコート紙ほど強くはないものの、上質紙よりは強い。手触りはしっとりとしていて、同じ厚さでもコート紙より重厚感がある。ほどよい「高級感」があり、ペンで書き込むことも容易なため、人気がある。ひと言で言うとコート紙は「光沢あり」、マットコート紙は「光沢なし」。
ザラ紙	新聞紙の用紙。コートやマット紙に比べて薄く、価格が最も安い。一見すると"頼りない"紙だが、ザラ紙に「新聞風」のデザインを印刷することで、「新聞の号外」といった印象になり、記事広告として読まれるケースが多い。

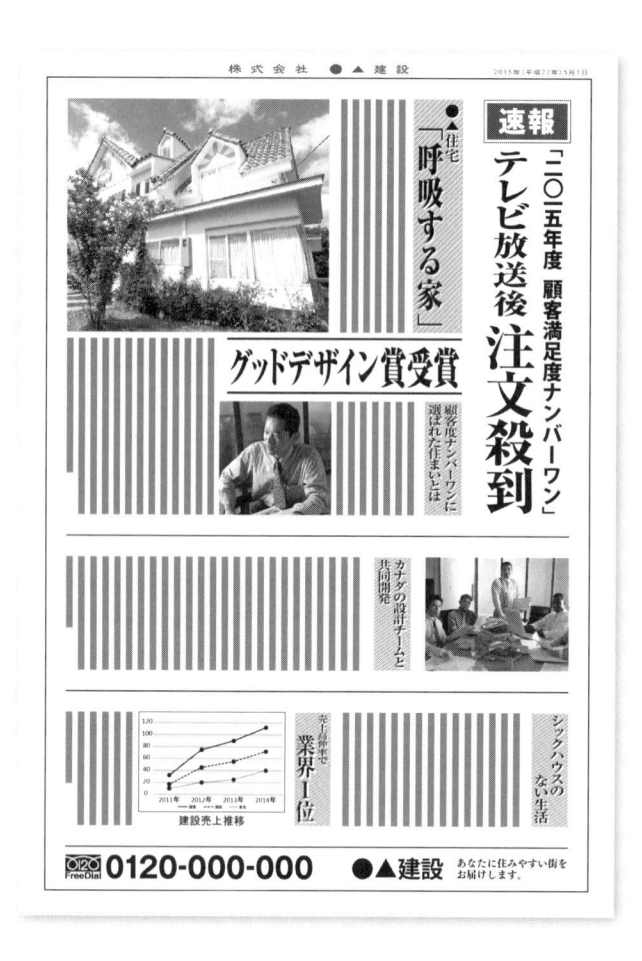

■ 普段の10倍もの集客ができた、住宅メーカーのザラ紙の「記事風チラシ」

3章

撒く前に反響がわかる 「7ステップ」とは？

Number 01

「7ステップ」誕生！
大失敗から生まれた大きな発見

- ☑ 大きな失敗が教えてくれたこと
- ☑ どうしてこれを先にやらなかったのか？
- ☑ 発見から感動へ

チラシ作りのポイントは

①商品のターゲットである「顧客」を知ること
②その顧客がどのような外的影響を受けているのか？

です。では、これらを解決するためにはどうしたらよいのでしょうか。

それを解決するための広告の作り方を体系化したものが「7ステップ」です。
実は、ある大きな「失敗」がきっかけとなって、7ステップは誕生しました。その背景となった私の体験談をお話しします。

主婦目線でチラシを見る

私が勤めるダイトクコーポレーションは折込みチラシ専門の印刷会社で、クライアントはチラシを印刷する企業の皆さまです。
昨今、新聞の購読率の低下にともない、折込みチラシの購読率も下がっ

ています。場所によっては、たとえば都内では50%を切ります。
　この状況でも、チラシのレスポンスを上げるような、つまりクライアント企業の売上がアップするような提案ができれば、当然、チラシ発注が増えるし、利益も出せる。そう思っていました。

　とは言っても、ダイトクコーポレーションは価格競争に強い企業ですから、入社して8年目くらいまでは広告の企画提案にそこまで力を入れなくても面白いように仕事が取れていました。

　ただお客様の悩みをうかがって、私なりにいろいろとしゃべる。
　するとお客様は、「顧客心理がよくわかっている！」と大変喜んでくださいますし、そのうえ価格が安いとくれば、比較的スムーズに受注につながりました。
　なかには国内大手の印刷会社との取引をやめて、当社とチラシの独占契約をしてくださったお客様もいました。味をしめた私は、この独占契約を次々に何社とも契約することに成功しました。

　結果、私は営業マンの平均売上が月間3000万円という社内状況の中で、月間1億円の売上を何ヶ月も連続で叩き出し、最高売上月額は1億8000万円を記録しました。

3章　撒く前に反響がわかる「7ステップ」とは？

ところが9年目を迎えたある日、悠長なことを言っていられない大失敗をしてしまいました。

■チラシの反響ゼロ！　私の大失敗

2012年の春頃、新聞紙面広告の値下げ競争が起こって新聞広告価格が急落し、各企業が折込みチラシより新聞広告に予算を使うようになりました。それに加え、折込みチラシの反響がとても悪化していった時期でもありました。

そんな時に、大変お世話になっているクライアントのご担当者から「このままだと、折込みチラシは今後実施しない方向になります」と言われました。

これは困った、と内心思いましたが、費用対効果が合わないのであれば泣いてすがるものでもないし……とあれこれ考えていると、その方が

「でも私は、折込みチラシを絶対に諦めたくないんです。何かよい方法はないでしょうか？」

と言ってくださったのです。

こんな時、私は断然やる気が出てしまう性分。たしか、「全力で何とかします！」というようなことを言ったように思います。

そのクライアントのために特別にチームを組み、広告制作に2ヶ月の時間をかけ、渾身の想いでクリエイティブを作り上げました。

このクライアントが長きにわたって当社の売上トップクラスであることも理由のひとつでしたが、なんだかもう、

「このミッションが折込みチラシの危機を救う！」

くらいに思い込んで、夢中で突っ走っていました。

そして折込みの当日。ワクワクしながら出張先の新幹線の中で、ミッションの結果をご担当者から聞きました。

なぜか、負ける気がまったくしませんでした。
ところが——。

「電話が0件でした……。何かの間違いでしょうか？」

耳を疑うような結果に、しばらく茫然として言葉を失いました。
それから少しして、協力してくださった多くの方々の顔が目に浮かび、気がつけば涙がぽろぽろとこぼれ落ちていました。

普段は何事にも超がつくほどポジティブな私の脳裏に、はじめて、
「こんなことならやらないほうがまだマシだった」という言葉がよぎりました。

最終的な結果は、10万枚撒いて反響がたったの数件。電話の反響はほとんどなく、後からハガキで届いた申し込みのみ。
この数字は、クライアントにとっても前代未聞のワースト数字となってしまいました。

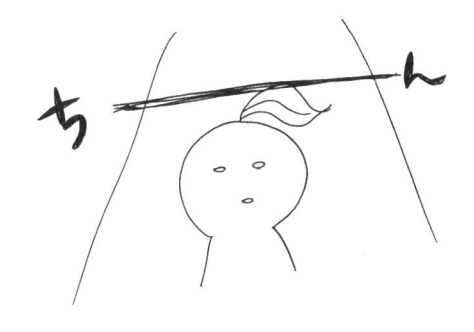

3章　撒く前に反響がわかる「7ステップ」とは？

執念のアンケート調査

　何がいけなかったのか？　何をどうすればよかったのか？　まったくわからないまま、日々は過ぎていきました。
　どうしても諦めきれなかった私は、ある方のアドバイスを受けて「アンケート調査」というものをはじめました。
　失敗したチラシを多くの人々に見てもらい、評価していただくのです。
　対象は、その広告のターゲットになり得る女性約30名でした。

　すると、驚くべき結果が出たのです。

　評価してくださる方々は、もちろん、その広告が「負けチラシ」だとは知りません。ですが、アンケートのどの質問項目においても「負け」の評価結果が出たのです。
　同じ日に折り込まれていた競合他社の広告との比較評価でも、「負け」でした。

　どうしてコレを先にやらなかったんだろう……

　そのひと言が私の頭の中を一瞬で支配しました。
　今回の「負け」の最大の要因は、「顧客目線」はクリアしていたものの、「ターゲットの外的影響」をつかめていないことにあったのです。そして、先にこの調査さえやっていれば、少なくとも「大負け」は防げたはずなのです。

　これが7ステップのはじまりでした。

大失敗からの大発見

　大失敗事件からしばらく経った頃のことです。

「アンケート調査から広告折込までの流れをひとつの企画として構築し、クライアントに提案してはどうか」と、考えました。
　その1つ1つの必要なステップをフレーム化していくと、7つのステップになりました。
　それが「7ステップ」です。

　まだビジネスモデルとして少しの不安を持ちつつも、あの大失敗から受けた
「なんでこんな簡単なことがわからなかったのだろう……」
という想いを誰かに伝えたくて仕方がなかったのです。

　そして、普段からおつき合いのあるクライアント企業に話をして回ることになりました。プロジェクターを使うわけでもなく、まともな企画書があるわけでもなく、「今、こういうことをやっています」と話をするだけの状態です。
　ところが、お客様の反応は意外なほどよいものでした。
「有田さん、これはいいね」と言っていただき、少しずつ自信につながりました。

　その後も、会社の若い営業マンたちと一緒に、いくつもの企業に向けて提案を続けました。するとあちこちで、見積り金額も聞かれずに「やりたい」と即答されるのです。
　見積りを聞かれる前に受注です。こんなことは、私の10年間の営業人生の中ではじめてのことでした。

　ようやくきちんとした企画書ができ上がり、ある大手企業に提案に行った時には、聞いていた担当者の方がいきなり電話をかけはじめました。他の部署のメンバーを「面白い話をしているから聞きに来い」と呼び出しているのです。
　また別の企業の役員の方は「似たような提案は他の代理店からも聞くけ

れど、御社のほうがものすごく魅力的ですね。久しぶりにいい提案を聞きました」と言ってくださいました。その言葉を聞いた時は嬉しくて嬉しくて……。

7ステップはとても多くの人の役に立つビジネスモデルかもしれない！　と確信に近いものを感じました。

こうして何社かの企業とともに試行錯誤と実践を繰り返しながら1年がたった頃、気づけば数々の成功事例ができていました。そして多くの「気づき」や「知見」をお客様との間に蓄積することができたのです。

♛ Number 02

いつでも誰でもわかる「顧客目線」を身につける方法

☑ USPとはその商品の特徴
☑ USPを明確にして「続くお客様」を呼び込む
☑ 「顧客を知る」＝売るために不可欠なこと

私の名刺には

ホスピタリティ天下一品！　溢れるパワーもお届けします！

と書いてあります。

これは何かというと、「ユニークセリングプロモーション」（略してUSP）といって、「要はこの人はどんな人？」を表わす形容的な文言です。
　私のUSPを何にしたらいいと思いますか？　とお客様に尋ねたところ、「有田さんはホスピタリティが天下一品なんだよ」と言ってくださって、「あぁ、そうなのか」と、その時はじめて**お客様から見た私がどんなものなのか**を認識しました。

自分ではホスピタリティが高いと自覚できていませんでしたが、よくよく思い出してみると、困っているお客様を見ると利益度外視で夢中になって仕事をしていることは多々ありました。と言えばかっこよく聞こえますが、会社からすると困った営業です。

3章　撒く前に反響がわかる「7ステップ」とは？

でも、結果的に売上がよかったことを考えると、ホスピタリティは営業の強い武器なのだ、と妙に自分を納得させたものでした。

自分ではわからないお客様からのイメージ、これが顧客目線です。

USPを使って大ヒット続出！

そもそも私にUSPを教えてくださった、USPの日本における第一人者、加藤洋一先生はUSPによって数多くのヒット商品を世の中に生み出しました。

> 200m手延べ麺だからのどごし最高です。
> （20%値上げして1.2倍売れた食品通販）

> ローマで修業した職人が焼くから「パリッ」、「モチッ」でおいしい！
> （チェーン店より1.5倍も高いが、いつも売り切れになるローマピザ専門店）

> 壺で造るからツーンが取れてまろみ増す
> （大手メーカーの倍以上の価格帯でも大人気の酢）

　これらのキャッチコピーはみな、お客様アンケートから得た貴重な情報を元に生み出されたものです。

　売ることばかりにフォーカスしていると、とりあえず「売ること」には成功しても、結果的に「続かないお客様」になってしまう。売りたいために大安売りしても、商品そのものの価値ではなく「安さ」につられるから続かないお客様になる、ということです。

　ところが、USPを明確にして、それがヒットコピーになれば、商品のイメージ→価値、をお客様が決めていますからそれに惹かれてきたお客様は「続くお客様」になります。

顧客目線で成功した営業マン

　最近、ある素敵な営業マンの方に出会いました。株式会社プロゼムの吉崎夏樹さんといって、全国の高校やプロスポーツ選手にマウスピースを販売している企業の営業の方です。時折関西弁でお話になるので、「関西の方なんですね！」と振ってみると、「いいえ、関東です」と言うのです。
　どういうことかと聞いてみたら、次のような話でした。

　高校生向けの商品を扱っているので、彼らの前で説明をするわけなんだけど、どうも集中して聞いてくれない。そこである日、関西弁で説明をしてみたら途端にウケて、みなすごく集中して聞いてくれた――。

　彼はそこにたどり着くまでに大阪の吉本興業の漫才を何度も見に行って研究し、彼らのVTRを何度も繰り返し見たそうです。

自分の言いたいことを喋るのではなく、彼らの聞きたいポイントを探り、彼らの聞きたくなる喋り方を徹底的に研究したのでした。

　そうしているうちに、本当に関西弁が染みついてしまった……というわけなんだそうです。
　まだ若い彼ですが、数百の高校と取引することに成功し、営業統括責任者になりました。

　このように、顧客目線を知るということは、商品を売る、サービスを提供する上で極めて重要なことだとおわかりいただけるでしょう。

♛ Number 03

「7ステップ」で、チラシの反響が撒く前にわかる！

- ☑ 「顧客を知る」ことからはじめる
- ☑ いくつか作って調査する
- ☑ いきなり大きくやらない
- ☑ きちんと検証する

それでは、具体的に7つのステップがどのようなフローで成り立つのかを見ていきましょう。

右図は、7ステップの手順をフロー化したものです。

ステップ①

「顧客を知る」作業です。「顧客を知る」とは、この商品が一体、誰に必要とされ、どんな要素が徹底的なファンを作っているのか？ を知るための手順となります。

具体的には、「アンケート調査」によって、愛用してくださっている方々の声を知る作業となります。

ステップ②

①で得た情報を元に、チラシのキャッチコピーやデザインを作成していきます。この時に、競合他社がどのようなコピーやデザインでアプローチしているかも考慮しながら、さまざまな視点からいくつかのデザインパターンを作ります。

3章 撒く前に反響がわかる「7ステップ」とは？

ステップ③

②で作成したいくつかのデザインパターンを"未来のお客様"に見て判断していただきます。

こう言うと何だか大それた作業に聞こえますが、そんなに難しいことではありません。この商品の対象であると予想される性別、年齢、イメージの方（たとえば、ダイエット商材ならちょっとふくよかな方）に聞き取り調査をすればいいのです。

これが「見込み客アンケート」です。このアンケートで、どう表現したら「今のターゲット顧客の心」に響くのかがわかります。

ステップ④

アンケートで選ばれたデザインの1位、2位を作り込んで実際に折込みチラシとして撒いてみます。ですがここではまだ小さな部数を撒き、テストとして実施します。

ステップ⑤

撒くエリアについてじっくり検討します。「お魚がたくさんいるところで釣りをしましょう」といったイメージです。反響がより取りやすくなる手法は、4章で具体的に説明していきます。

7ステップのフロー

ステップ①	②	③	④	⑤	⑥	⑦
既存顧客アンケート	クリエイティブ開発	見込み客アンケート	テストチラシ（ABスプリット）	折込みエリア分析	チラシ折込み	結果検証

ステップ⑥

　テストチラシで目標としている反響と売上見込み数字が見えてきたら、エリア分析のステップを経て、いよいよ本番チラシを実施していきます。

ステップ⑦

　実施後の検証パートです。「反響を取る」ことが最も重要なことではありますが、「なぜ、成功したのか？」「こうすればもっと反響が取れたのでは？」といった事後検証がとても大事です。

　この手順を踏むことで、実施そのものが「知見」として貯まり、販売促進、広告戦略の大変価値のある【財産】となるのです。

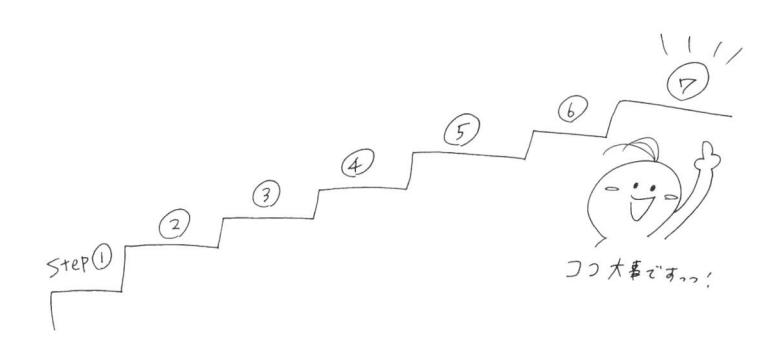

Column 3 ▶温度感の伝わるチラシは集客に効く
人は「漫画」を見てしまうもの

　私はスポーツクラブでインストラクターとして長年指導しておりましたが、お客様から「〇〇ってどんなレッスンですか？」と聞かれることが多くありました。
　たとえば、エアロビクスの上級クラスは「アドバンスクラス」とか「コリオエアロ」、筋力トレーニングのクラスは「ボディパンプ」や「マッスルビート」など……と言っても、一体何のことだかわかりませんよね。
　その度に説明はするのですが、ある日「そうだ、4コマ漫画にして貼り出せばいいのでは？」と思いつきました。
　そこで、少しわかりづらいレッスンを4コマ漫画にしてチラシやポスターを作ったのです。
　とても親しくしているイラストレーターのうだひろえ先生に実際にレッスンに出ていただき、彼女自身がお客様の立場でリアルに感じたことを漫画にしてもらいました。何種類もの4コマ漫画を作ってもらいましたが、それぞれに臨場感と感情に溢れたコミカルで楽しいものに仕上がりました。チラシの一角にその4コマ漫画を入れると、通常よりかなり多くの反響がありました。また、ポスターにして貼り出したり、案内パンフレットに載せるとお客様から大変好評でした。

　新聞を読まない人でも「『コボちゃん』は知ってる」という人はたくさんいるほど、漫画は何となく読んでしまうものです。特に女性は文字があまり好きではないから漫画ならつい見てしまいます。
　このように、**チラシの反応率を上げる武器として、また、わかりづらいことをわかりやすくするひとつの方法として、漫画は大変有効**です。

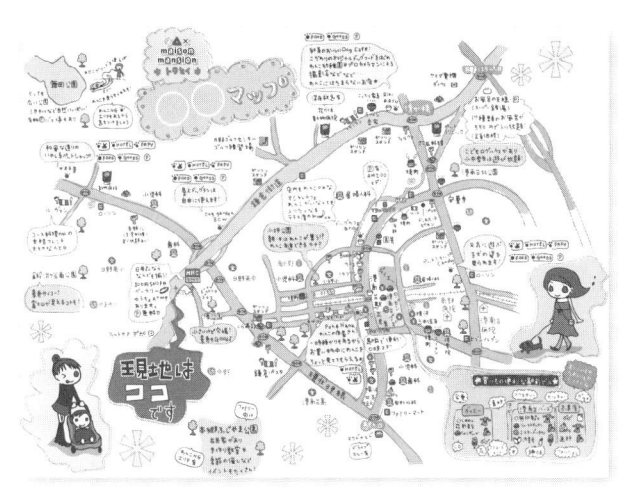

4コマ漫画やイラストマップをチラシに入れると効果的

地図をイラストマップにするのも効果的。マンションのチラシなら、駅から現地(マンション建設予定地)までの道のりにおいしいケーキ屋さんや喫茶店、「ここの八百屋さんでは何時から特売で〇〇が人気!」とか「ここの豆腐屋の豆乳は絶品!」など、「この街はこんなところだよ」ということを楽しく表現する。スクールのチラシなら、実際に通うことになった時に「道中も楽しめるよ」と提案することができる。

4章

「7ステップ」で
チラシを作ってみよう！
【準備編】

STEP 1 ▶ 既存顧客アンケート

既存顧客アンケート / クリエイティブ開発 / 見込み客アンケート / テストチラシ（ABスプリット）/ 折込みエリア分析 / チラシ折込み / 結果検証

なぜ、当社の商品を愛用してくれているのか？

- ☑ 顧客の深層心理を知る
- ☑ 「売り」が何かを知る
- ☑ どのような評価を受けているのかを知る

さぁ、それではいよいよ「7ステップ」でチラシを作っていきましょう！

まずは「STEP 1 **既存顧客アンケート**」です。

既存顧客とは、**現在お客様になってくださっている方々**のことで、お店であればお店のファンになってくださっている方、商品であれば愛用者の方を言います。

業種別で言うと次のようなイメージです。

○不動産業：一度物件を買ってくださり、大変満足されている方
○塾：通塾中の本人・父母、もしくは卒業生・父母
○スポーツクラブ：ご利用メンバーの方々、中でも利用頻度の高い方々
○健康食品・化粧品：ご愛用者、中でも利用頻度の高い方、ご紹介者の多い方
○飲食店、小売店：お店のご愛用者、利用頻度の高いお客様

なぜ、アンケートを取るのでしょうか？

飲食店の例

　私はよく広告のご相談を受けるときに、たとえば飲食店経営者の方ならこんなことを聞きます。

「ファンになってくださっているお客様は、このお店の何がよくてファンになっていらっしゃるのでしょうか？」
　すると、即答できない方が多いのです。
「そうですねぇ、やはり駅に近いことと、すべて手作りだから、味ですかねぇ……」
といったように……。

　ところが、「では、一番のお店の売りは何ですか？」と聞くと、「和牛100％を使用した手作りハンバーグです！　素材に自信がありますから！」と、即答されます。

　要するに、大抵の場合、自分のお店の売りはわかっているけれども、お客様の本当の「気持ち」は知らないことが多いのです。

　それが、**アンケートを取ることによってお客様の「深層心理」を知ることができて、広告表現に大いに役立てることができます。**

　そのお店では期間限定で「お客様アンケート」を取ることにしました。すると驚くことに、お客様の声の多くは、店主とは違う意見だったのです。

「スタッフの方がいつも笑顔で迎えてくれて癒されます。うちに帰ってきたみたい！」
「田舎の母の味を思い出します。失恋した時には味噌汁の味で涙が出ま

した」
「さりげなく置いてある本が、『ゆっくりしていってね』と言われているようで嬉しいです。1週間に一度、頭と心のリフレッシュの時間を過ごしに来ています」

　もちろん、味に対する評価も多数ありました。
　でも、スタッフの方々はこれらの声を目のあたりにして思わず涙する人もいました。
　普段、当たり前のように過ごす日々の中で、こんなにも人の心に「癒し」や「エネルギー」を与えることができていたなんて、思ってもみなかったのです。

　ですからこのお店の場合、「味」や「手作り」といった点をアピールするのもよいけれど、そうではなくて

「田舎の母の具だくさん味噌スープ」
「心と身体を癒す自然食おばんざい」
「優しいシェフのこだわり和牛ハンバーグ」

　といったメニューコピーとともに、「癒しのお店」というイメージで広告を作ったところ、来店客数が2倍、多い時は3倍にもなりました。

テニススクールの例

あるテニススクールの例です。もう20年近く営業されているスクールで、お客様アンケートを取ってみたところ、こんな言葉に最初はドキッとしました。

「もう辞めなければいけないと思っているのだけど……」

実はこのお客様はもう80歳近い奥様だったのです。

「いい加減辞めなければと毎年、思うのだけど、コーチの顔やテニスコートを見ると、つい嬉しくなって、元気が湧いて、辞めたくても辞められないの……もう少しいさせてください。お願いします」

こちらは、長年通っている方が大変多いテニススクールです。生徒さんとは当たり前のように顔を合わせているけど、普段はなかなか言えないスタッフへの感謝の言葉の数々がたくさん寄せられていたのです。

人は感謝の言葉をたくさんもらうと、仕事へのモチベーションが上がります。昨日までごく普通だった職場の風景が輝いて見え、職場全体のモチベーションが上がり、業績アップにつながった事例が数多くあります。

このスクールの場合、「売り」が「人」だということがわかりました。アンケート結果を元にお客様の声をそのままキャッチコピーにしたり、お客様の喜びの体験談をチラシに載せることによって、集客数を前年より大幅に高めることに成功しました。

このように、**アンケートから「何がこの商品の売りなのか？」、たくさんのヒントを得ることができます。**

チラシ制作の上では、**ポジティブコメント**を抽出して、どの訴求ポイントで表現したら「未来のお客様」に響くのか？　の要素をたくさん得るこ

とができるのです。

私の心を震わせた、お客様の言葉

　余談ですが、私はかつてエアロビクスのインストラクターをしていました。
　20代前半から、その後長きにわたってスタジオに立ち続けました。
　私の売りはパワフルな動きと自ら編集していたオリジナル音楽、そしてダンスっぽい動きの構成だと思っていました。ところが、5年目を迎えた頃、お客様とこのようなやり取りがありました。

　「妹が癌になってしまって、寝ても覚めても癌が頭から離れなくて辛い毎日を過ごしていたの。でも1ヶ月ぶりに思い切って先生のレッスンに出たら、レッスンの間は何もかも忘れて本当に楽しかった！　生きた心地がしたわ。本当にありがとう……！」

　輝くような満面の笑みで言われたこの言葉は、20年経った今でも私の心を震わせます。
　この言葉を聞いて、インストラクターの仕事に出逢えたことへの感謝の気持ちがあらためて芽生え、自分の仕事に自信がつきました。
　それからレッスンをする時は「この時間を共有することで誰かが元気になれますように。誰かが幸せを感じますように……」と想いを込めて臨むようになりました。

　想いを込めたら、今までと違う景色がそこにはあり、生徒さん1人1人を見る私の目が変わっていきました。同じレッスンをしていても生徒さんがどんどん増えて、気づけばゴールデンタイムという、最も人気の高いインストラクターが担当する枠を何本も持つようになっていました。
　あの時、あの言葉を聞いてなければ、私のインストラクター人生はもっと違うものになっていたのかもしれません。

人の言葉は心を動かし、行動を変えます。
　自分が提供している商品・サービスがどのような評価を受けているのか、耳を傾けることは商売をする上で最も重要なことではないかと思うのです。

STEP 1 ▶ 既存顧客アンケート

既存顧客アンケート / クリエイティブ開発 / 見込み客アンケート / テストチラシ(A/Bスプリット) / 折込みエリア分析 / チラシ折込み / 結果検証

「アンケート？ クレームが怖くてできないよ……」と言うけど、知らないほうがもっと怖い！

- ☑ 不満は期待の表われ
- ☑ 原因がわかれば解決策がわかる
- ☑ 「知らない」が一番怖い

　お客様アンケートを実施してください、と言うと「クレームが怖くてアンケートなんてできないよ」とおっしゃる経営者の方は、割といらっしゃいます。

　気持ちはとてもわかります。
　以前、ある会員制スポーツクラブで大規模なアンケート調査を行なったことがあるそうです。
　その際、休眠顧客といって、普段まったくクラブを利用されていない方にも調査を実施したら、そのタイミングで入会していたことを思い出した何人もの方が退会してしまったそうです。
　また、普段思っていることをここぞとばかりに不満を爆発させたお客様がいらっしゃって、その対応は大変なものだったそうです。
　そんな経験があれば、アンケートを恐れるのも無理はありませんね。

　でもちょっと考えてみてください。
　お客様が不満を表明するというのは、こちらに何かを期待している、何とかしてほしい、という気持ちの表われではないでしょうか。

要は、好きか？　嫌いか？　で言うと「好き」なんです。

好きだから何とかしてほしい、というリクエストなんです。

もし、リクエストに答えることができないとしても、その理由をしっかりお伝えすれば、「自分のリクエストに対応してくれた」という満足度がお客様の心に信頼感を与えます。

まずは向かい合う、ということがとても大事なことだと思います。

ある学習塾の事例です。

売上高1位の店舗では、「講師」に対する称賛の声がアンケート結果割合の1位でした。

ところが売上高5位の店舗では講師への称賛の声が4位で、なおかつ要望コメントが圧倒的に多かったのです。

スタッフは皆、「駅から遠い」「子供が少ない地域だから」と業績不振の理由を環境のせいだと思っていました。

ふたを開けてみれば、「人」が大きな要因だったのです。

でも、この結果を踏まえて、塾長が講師たちを集め、「人」で変えるこ

顧客満足度アンケート調査

A店　売上高1位

■ 講師　□ 施設　■ システム　□ 料金

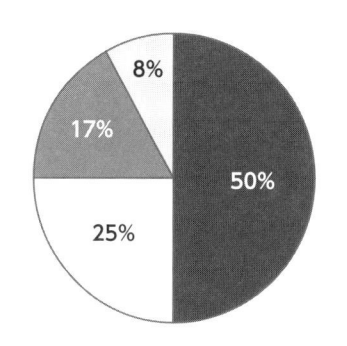

- 講師: 50%
- 施設: 8%
- システム: 17%
- 料金: 25%

B店　売上高5位

■ 講師　□ 施設　■ システム　□ 料金

- 講師: 40%
- 施設: 10%
- システム: 30%
- 料金: 20%

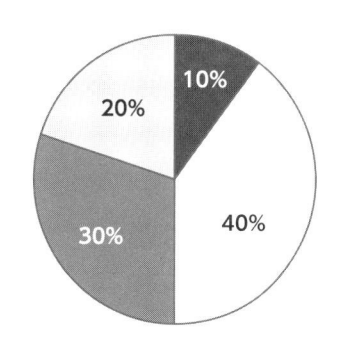

とができるなら、と親御さんたちと子供たちに積極的にアンケート調査を実施したり、話し合いの場を設けるようになりました。

　原因がわかれば、「どうすればよいか？」という解決方法を探ることができます。

　結果、この店舗は約１年で売上高を３位にまで業績を上げることに成功しました。

　このように、解決への糸口が見つかったと考えれば、最も有効な経営戦略への「気づき」になります。

　「アンケートなんて、クレームが恐くてとてもできないよ」とおっしゃる気持ちは十分わかります。
　私も、自身のアンケート調査ははっきり言って怖いです。

　でも、「知らない」のはもっと恐いのです。

👑 STEP 1 ▶既存顧客アンケート

既存顧客
アンケート

お客様のハートをつかむアンケート用紙

- ☑ お願いの仕方が最も重要
- ☑ 設問式だと無機質な答えが増える
- ☑ 数ではなく質の高いアンケートにする

　それでは、アンケートの方法にはどのようなものがあるのかを見ていきましょう。具体的には次のような方法です。

A　来店客に「アンケート用紙」に記入してもらう
B　お客様に「お手紙」を送り返信してもらう
C　お客様に「メール」で告知して返信してもらう
D　お客様インタビューを行なう

　飲食店、美容室、雑貨・洋服店など、店舗の場合はAの「アンケート用紙」に記入いただく方法、お客様リストのある美容室、歯科医院、学習塾、不動産などの場合はBの「お手紙」やCの「メール」が適しています。

　いずれの場合でも、最も重要なのはアンケートにお答えいただくための**お願いの仕方**です。
　人は頼まれごとをする時に、「これ、やっといて」と言われるのと、「お願いがあるんだけど……。これ、○○さんにやってもらえるととても嬉しいんだけど……」と言われるのとでは、やる気が変わります。

お願いの仕方1つで、返ってくるアンケートの精度をいくらでも上げることができるのです。
　右図は「お客様のハートをつかむアンケート用紙」例です。
　ポイントは4つ。

①感謝の気持ちをしっかり伝える
②なぜアンケートを取るのか、その主旨を伝える
③「書き方」例を記載する
④書くスペースをたくさんとる

　このポイントは、A、B、C、すべての方法において有効です。
　B「お手紙」を送る場合は計2枚にして、1枚目に「ご挨拶文」として、①「感謝の気持ち」と②「主旨」を記載するとよいでしょう。

　C「メール」の場合はメール文章に上記内容を記述し、返信はあえて自由回答にするのがお勧めです。
　人は感謝の気持ちを伝えられると拒否しづらくなりますし、特に義理堅い日本人はそのような傾向が強いと言えます。
　また、このアンケートはサービス向上につながるのだという趣旨を伝えられれば、答える率とアンケートへ向き合う姿勢はますます高まります。

　では、なぜフリースペースを採用してQ1、Q2のような設問式にしないのかというと、設問式では形式的な、無機質な答えが多くなって、お客様の個性やリアリティ溢れるコメントが得られないからです。
　もちろん、集計、分析に手はかかりますが、このアンケートの目的は、広く数多く取ることではなく、**数は30〜50でも、「深く質の高いリアルなお客様の声」**を取ることです。

大切なお客様へ
～アンケートご協力のお願い～

① いつも当店をご利用いただき誠にありがとうございます。

② 今後も気持ちよく当店を利用していただくために、さらなるサービスの向上をめざし、皆様のお声を頂戴いたしたく、アンケートにご協力のほどお願い申し上げます。

ご購入、ご来店いただいてよかったこと、嬉しかったこと、気づいたこと何でも結構です。

あなた様にとってみれば些細なことでも、私達は本当に嬉しいのです。

文章でも、箇条書きでも、イラストでも、一向に構いません。

いただきましたご意見は宝物です。スタッフ全員で共有し、よりよいサービスに尽力して参りますので、どうぞよろしくお願い申し上げます。
心から楽しみにお待ちしております。

③ できるだけ、具体的に書いていただけると嬉しさが倍増します。
例）来店する前は○○だったのに、◇◇のおかげで、今は☆☆です。
例）来店したおかげで、○○のような嬉しいことがありました。

④

お名前

※匿名でも問題ありません。

ありがとうございました。

STEP 1 ▶既存顧客アンケート

| 既存顧客アンケート | クリエイティブ開発 | 見込み客アンケート | テストチラシ(ABスプリット) | 折込みエリア分析 | チラシ折込み | 結果検証 |

お客様の本音が ドンドン出てくる インタビューとは？

☑ ヘビーユーザーに聞く
☑ インタビュアーは第三者がよい
☑ グループより1対1
☑ 顧客の声が大ヒットコピーになる

　それでは、D「お客様インタビュー」とはどのようなものでしょうか。
　お客様インタビューとは、自社商品のヘビーユーザーである方をお招きして、1対1で意見を伺う手法のことです。本音を聞き出し、深掘りし、「商品の最大の魅力は何か？」を知るための大変有効な方法です。
　通信販売や製造メーカーといった企業が実施するケースが多いのですが、企業側スタッフがインタビューをするのではなく、第三者である代理店や制作会社の方が行なうほうがよいでしょう。

　なぜなら、お客様は企業の方に面と向かっては「ポジティブなこと」は言えても、「ネガティブなこと」は言いづらいものだからです。
　「ネガティブなこと」は、悪口ではなく、「本音」と捉えたほうがよいでしょう。
　私はインタビューをさせていただくケースが多いのですが、こんな会話はとても多いのです。

　「ぶっちゃけ話だけどね、最初はまったく期待してなかったのよ。だってこんなタダの水みたいな化粧水でお肌がこんなに変わるなんてね。考え

てもみなかったわ」

「なんか、怪しい感じがするじゃない？　広告で言ってることなんて大げさでしょ。でもホントにおいしくてビックリよ」

「『気に入らなかったら全額返金』とか言うからさ、気に入らなかったら返品すればいいわ、って思ってたのよね」

と、まぁこんな感じです。
　では、インタビューの際に企業担当者は同席しないのかというと、そういう訳ではありません。アンケート用紙と同じように、最初にしっかりと感謝の気持ちとインタビューの主旨をお伝えするのは企業の方です。
　インタビュアーがメインでお客様とお話ししますが、企業の方も会話に入って聞きたい点はどんどん聞きます。インタビュアーは「企業の方がここにいますがね、全然気にしないで本音でいきましょう」などと言って、その場を和らげたり、盛り上げたりして本音を引き出す役に徹するのです。

　また、「グループインタビューはどうですか？」とよく質問されますが、どちらかと言えば1対1をお勧めいたします。
　と言うのも、グループになってしまうと意見の強い方に弱い方が引っ張られてしまいますし、本音というより「どんな答えをすればよいか？」という心理が働き、無意識のうちに自分をよく見せようとする発言をしてしまう傾向があるようです。

　たとえば、「この中でどれが最も魅力的な広告ですか？」という質問に対して、本当は「運動しなくてもラクして5キロ痩せる！」が一番いいなと思っていても、「美しいくびれを作る4週間メソッド」といったものを選んでしまうのです。
　したがって、インタビューの方法は1対1が一番いいのです。

4章　「7ステップ」でチラシを作ってみよう！【準備編】

インタビューの対象となる方は、長年の愛用者の方やとても満足度の高い優良顧客の方、5名〜10名くらいなので、要望はあっても、基本的にクレーム等の意見はあまり出てきません。
　これは他のアンケート方式にも共通することですが、**満足度の高い方は企業が見えていなかった商品やサービスへの「ベネフィット（便益）」をとてもリアルに表現してくれます。**
　ですから、**それがそのまま大ヒットコピーへとつながるケースが多いの**です。

　薬事法規制によって効果効能をはっきりと表現できないサプリメント等は、こうしたお客様の声をそのままコピーにするとイメージが伝わりやすくなります。

　「山登り、ダイビング……この歳になってこんなに夢中になるなんて。以前はあんなに出不精だったのに……もう手放せません」

この言葉ひとつで、「活力の湧く元気の源となる商品だな」ということが何となく伝わりますよね。

ある炭酸入浴剤のインタビューでは、「まるで、美容液に身体ごと浸かっちゃってるイメージよ！」というリアルな意見が飛び出しました。
そこで「まるで美容液風呂‼」というコピーを採用したところ、チラシでもPOPでも大変高いレスポンスを取ることができました。

また、お客様インタビューを10名ほど実施された企業の社長さんがこんなことをおっしゃっていました。

「インタビューに同席したスタッフがすごく変わって、驚きました。モチベーションが上がり、この仕事への自信に満ち溢れてポジティブな発言が増えました。とても嬉しいことです」

お客様の「生のお喜びの声」を直に聞くことで、自らの仕事がこんなにも誰かを幸せにしているのだと気づきます。広告戦術の一環として行なったアンケート調査が、時にはスタッフ自身の大きな「やりがい」につながるのです。

STEP 1 ▶ 既存顧客アンケート

アンケートの結果集計表・分析シートの作り方

- ☑ カテゴリー別に分類してみる
- ☑ 顧客の声には一定の「傾向」がある
- ☑ 「声」を統計で捉える

さて、アンケートを実施し、集まったアンケート用紙をどのように活用すべきなのか？

これは大変重要なポイントです。

なぜなら、アンケートはあらゆる企業で実施されているものの、その後、有効活用されていないように感じることが多々あるからです。

関係者間で回覧して終了……といったことは、私自身が今までに何度か経験しています。

アンケートを行なう主旨は**「お客様の声」から広告表現に有効なネタを探り当てること**なのですが、お客様の声にはある**一定の傾向**があります。

その部分を具体的に抽出していくと、大変インパクトのあるコピーの発見につながることがあります。

たとえば、私がまだセミナーを実施して1年足らずの頃、セミナー後のアンケート回答の中で「ためになったか？」を5段階で評価していただく設問がありました。

大変ありがたいことに、すべてのセミナーアンケート結果を集計すると

4　まあまあためになった　5％
5　大変ためになった　　　95％

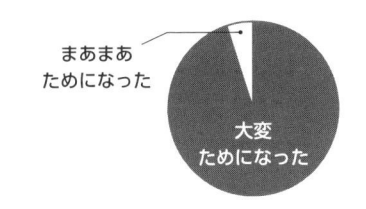

という結果が出ました。

その後のセミナー集客用チラシでは、

「なんと‼　受講者の100％が『ためになった！』と答えています」

というコピーと円グラフが、チラシの一番目につくところに表記されるようになりました。

これは「信頼コンテンツ」といって、商品やサービスの信頼度を裏づける大変有効な武器となり、消費者が判断をする際の重要な具体的なイメージ材料となるのです。

93ページの図はアンケート用紙からお客様の声をカテゴリー別に分類していく方法です。

アンケートの回答を、まずポジティブなものとネガティブなものに分けます。

ポジティブというのは、褒めている言葉です。

ネガティブは、「もっとこうしてほしい」とか、「ここが嫌だ」という、不満や要望です。

それをすべてデータとして打ち込みます。同じ言葉があってもいい、ダブってもいいので、とにかく打ち込んでいきます（ちょっと大変ですが、がんばってみてください）。

広告に採用するのはポジティブワードです。ポジティブワードをよく見てみると、カテゴリー分けができるはずです。

それをさらに94ページのように円グラフや棒グラフにしていきます。

このテニススクールの場合だと、まず**技術面**。

「スマッシュやボレーが打てるようになった」、「以前より勝てるようになった」、などです。

それから、「友達ができて嬉しい」とか、先ほどのおばあさんのように「やめたくてもやめられないぐらい楽しい」などは**メンタル面**。
　「振替制度があるのが便利」、「芝のコートが気持ちいい」、というのは**システム面**。
　体力に関するポジティブワードは**体力面**。

　ポジティブワードは必ずこの４つのいずれかに含まれることがわかったので、４色に色分けしました。
　色分けから見えてきたのは、もっとも多いのがメンタル面。このテニススクールに入ったことでハッピーになり、生活が豊かになったという答えが多くありました。
　次に多かったのが技術面です。テニスがうまくなったという、コーチへの評価が高いことがわかりました。
　それを使って

「コーチの信頼度が５年連続　第１位のスクールです！」

というコピーと、お客様とコーチがにこやかに笑っている写真でチラシをつくれば、何となくこのスクールをイメージしやすいですし、信頼度もグッと上がりますよね。

　お客様の声で印象に残る代表的なものは、ピックアップして分析シートに箇条書きにしていきます。このように、アンケート結果がどのようなものだったかをひと目でわかるようにしておくことが大事です。

　もちろん、うまい具合によい傾向が出てくれば「売り」のコピーになりますが、そうでない場合も多々あるかと思います。
　ですが、見えてきた傾向をうまく広告表現として活用し、何より**企業側が見えていなかったお客様の「気持ち」を統計学的に捉え、今後の営業戦略に生かすことが大変意味のあること**なのです。

アンケート調査結果報告① ＜○○　クラブ・スクール会員様にて実録＞

【ポジティブワード】 *有効回答 81 件

- わかりやすく教えていただいている
- 体力にあったメニューを考えて実施していただける
- 仲間に恵まれている
- コーチに恵まれている
- 奥の深いテニスにはまっている
- 子供とテニスができる
- 自分に合うラケットをすすめていただき、上達しました
- 明るい方々ばかりなので楽しくテニスができる
- 他の人より一歩前でプレイすることができていた
- 楽しい時間が増えた（同意見他3件）
- 夜、よく寝れる
- 家にいてもテニスのことを考えると楽しい
- 楽しくテニスができている
- 定期的に体を動かすことができて健康的な毎日
- まだ足が速かったということがわかった
- 体力キープに役立っている
- 今では、上級でテニスを楽しんでいる
- 暖かく迎えてくれるアットホームなスクール
- 慣れてくると、思っていたよりコートが足になじんでよい
- 長く続けられてよかったです
- 友達ができました（同意見他8件）
- ウェアが買えて嬉しいです
- 楽しくて頭の体操もしているようです
- スクールを通じて新しい人たちと知り合えた
- 早起きするようになりました
- 親子ともに楽しんでいます
- 友人が増えて楽しみが増えました
- 腰の手術等の後も元気に生活できています
- 運動は苦手ですがコーチのおかげで楽しくテニスをしています
- 知り合いが増えて嬉しい
- 前はコーチの入れ替えがありましたが、今は固定されてよかったです
- アドバイスからショットのコツがつかめた
- アドバイスから自分の癖がわかりました
- 健康にプラスになっている
- 基本的なことを教えていただける機会はとても貴重です
- 苦手なショットが少しは上達した
- 年代が違うクラスメートができた気分
- ボレー上手になりたい
- ダイエットができた
- 笑って楽しいテニスができて感謝！
- 仕事以外に打ち込める生涯の趣味にしたい
- サーブができるようになりました
- 定期的な運動で身体全体がスムーズに動けます
- 仲間もでき、正しい知識も身についた
- コーチ陣が元気アリ。若さをもらっています
- 家族で週末遊ぶネタができた
- 若い人と一緒で楽しい、いろんな人との出会いが楽しい
- いろんな年代、職業の方と楽しくテニスできている
- 毎回スタッフの方々に優しくしていただいて嬉しい
- 下手だがマシになった
- 運動不足が解消！
- バックが上手になりました
- 上達して嬉しい
- お友達と打ち合いができるようになった
- メタボだったのが、今は「少しメタボ」になった
- 週末の楽しみができ、よい生活サイクルになった
- たくさんの仲間と仲良く楽しくテニス
- 狙ったところに打てるようになりたい
- テニスができる楽しさを感じることができた
- 上達できたのはコーチのみなさんのおかげ！
- 球技への苦手意識が多少改善された
- 通いやすい環境なので辞めることなく続けられる
- 気分転換になります
- コーチのアドバイスは仕事や家事のヒントになる
- いろいろな世代の方々との交流の場。生き方の参考になる
- スローペースで楽しんでいます
- 1週間に一度運動ができて嬉しい
- もったいないほどのご指導
- 生きててよかった。100歳めざします！
- 独身時代に戻ったような時間が過ごせています！
- イベントがあり楽しい

凡例：
- 技術面
- システム面
- メンタル面
- 体力向上

4章　「7ステップ」でチラシを作ってみよう！【準備編】

【参考資料】アンケート調査結果報告②＜○○クラブ・スクール会員様にて実録＞

満足している・とても良いクラブ 81件

- ☐ 技術面　　16
- ☐ メンタル面　49
- ☐ システム面　3
- ☐ 体力向上　13

ネガティブワード・要望

- ☐ ネガティブワード　1件
- ☐ 要望　　　　　　18件
  （うち、振替に関するものが5件）

ポジティブワードの割合

- システム面 4%
- 体力向上 16%
- 技術面 20%
- メンタル面 60%

■技術面　□メンタル面　■システム面　□体力向上

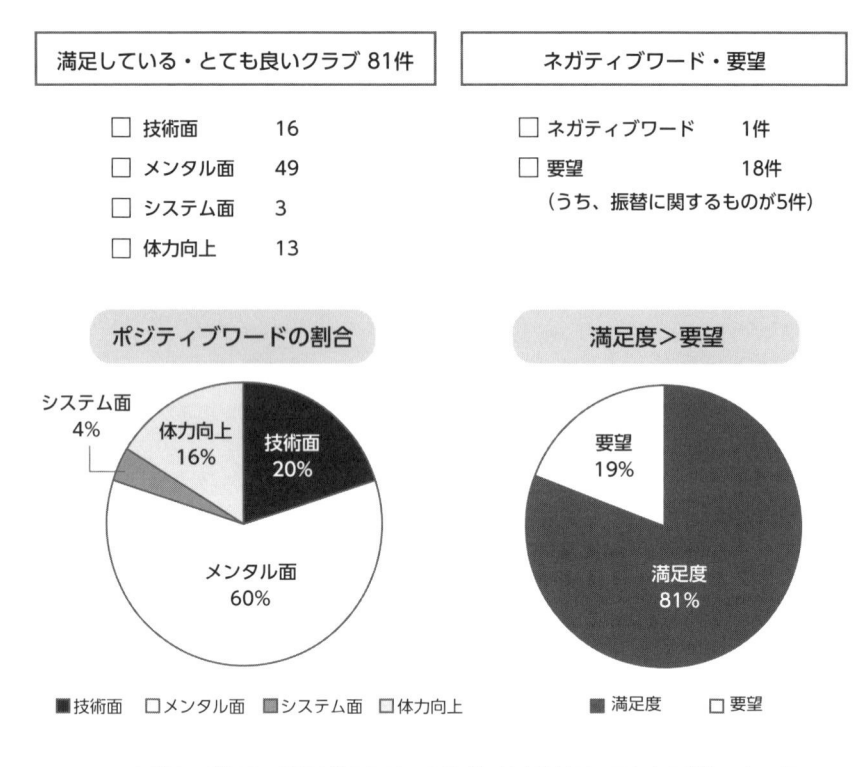

満足度＞要望

- 要望 19%
- 満足度 81%

■満足度　□要望

- ・ネガティブなワードは1件のみで、クラブに対するリクエストと比較しても、圧倒的に満足度が高い
- ・コーチの指導に対する評価が高く、技術面以外にも得ることがあり、スタッフの方々への感謝の気持ちが大変高い

↑
メンタル面の次に技術面の評価が高い

- ・ネガティブワードの98％が要望なので、ネガティブはほぼなし
- ・唯一のネガティブは自分の上達への不満度で、クラブに対する不満ではない
- ・要望の45％は振替に関するもの

↑
クラブに対する不満はゼロ、要望は全体の15％で満足度が高い

> ## 👑 STEP 1 ▶ 既存顧客アンケート
>
> 【既存顧客アンケート】
>
> # 既存客がいない場合はどうすればいいか？
> # 【新規商品の場合】
>
> ☑ ターゲットは誰なのか？
> ☑ 競合チラシでアンケートをとる
> ☑ ターゲットの深層心理を知る

取り扱うのが新規商品の場合、既存顧客はいないので、そういった場合は次の手順で進めます。

①商品のターゲットは誰か？

まず、この商品のターゲットが誰であるかを明確にしましょう。
たとえば、「よく眠れる」ということが売りのサプリメントの場合、
A よく寝つけない中高年、高齢の方
がターゲットかもしれませんが、
B 働き盛りのビジネスマンが短時間で深くて質のよい睡眠を取りたい
といったニーズもあるかと思います。

でもBの場合、折込みチラシではレスポンスを取れそうもありませんね。働き盛りのビジネスマンを対象とするなら、インターネット広告や中吊り広告がいいかもしれません。

したがって、いくつかのターゲットが想定できても、「折込みチラシ」

ということを考慮すると、Aの「よく寝つけない中高年、高齢者」というターゲットになります。

商品特性から選定したターゲット × 折込みチラシを見る人
がターゲットです。

②競合チラシでアンケート調査をする

競合商品チラシを何パターンか集めて、見込み客（ターゲット）にアンケート調査を行ないます。

Q1 どれが一番買いたいと思いますか？
Q2 なぜ買いたいと思うのですか？
Q3 どれが買いたいと思わないチラシですか？
Q4 なぜ買いたいと思わないのですか？

これだけ聞ければ、十分、材料は揃います。

ターゲットのニーズを知るには、ある程度完成されたチラシを見せて「何がよくて、何が悪いのか？」を具体的に聞く。その深層心理を深堀りして、広告作りの材料にすればいいのです。

これは折込みチラシに限ったことではなく、この商品の広告戦略全般に利用できる貴重な材料になります。

STEP 2 ▶ クリエイティブ開発

なぜ、複数のデザインが必要なのか

- ☑ 案出しはワクワクしながら
- ☑ 成功率の高そうなものを抽出する
- ☑ 分類した時に偏らないこと

STEP2では、チラシのデザインを作っていきましょう。

顧客アンケートから見えてきた商品やサービスのイメージを具体的に表現し、4種類〜多くて8種類くらいのデザインパターンを作ります。

なぜそんなに必要なのか？

たとえば、便秘広告の場合

①アンケートで1位だった声➡翌朝驚くほどのスッキリを実感！
②商品特性をアピール➡驚きの秘密は59種類の生薬のチカラ！
③お客様の声特集➡たくさんの方々が、実感。
④安心・安全・信頼➡商品開発2年、250回の施策・研究により、誕生。
⑤味のアピール➡90％の方々が「美味しい」と答えました。
⑥「美」の世界観メイン➡スリムな女性シルエットで理想像をメインに

といった具合に、考えられる広告デザインはたくさんあります。

この作業では、できるだけたくさんのメンバーとミーティングをして、さまざまな案を出していくのが望ましいでしょう。

① 翌朝、驚くほどのスッキリを実感！
アンケートで第1位
お試し500円
0120-000-000

② 驚きの秘密は59種類の生薬のチカラ！
お試し500円
0120-000-000

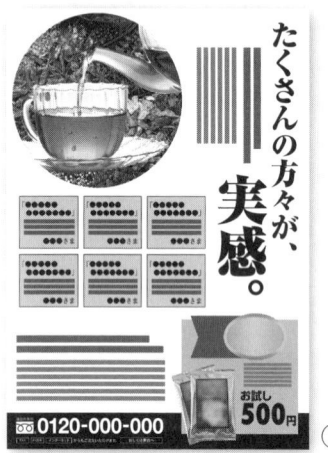

③ たくさんの方々が、実感。
お試し500円
0120-000-000

④ 「商品開発2年」、「250回の施策・研究」により、誕生。
お試し500円
0120-000-000

⑤ 90％の方々が「美味しい」と答えました。
90％
お試し500円
0120-000-000

⑥ 外側から中身まで、毎日スッキリ！
お試し500円
0120-000-000

それぞれの立場で感じていることを出し合って、この商品を売るのに魅力的だと思う材料をあるだけ出していきます。
　それを「コピー×画像」の組み合わせにして、簡単なデザイン案（サムネイル）を作成します。

　広告に反応してくださる「未来のお客様」は、どのデザインで一番グッときてくれるか？
　より高い数値結果を出すには、**いくつか成功しそうな案を出し合って戦わせて、どれが一番か、傾向を見ることが必要だから**です。

　美容室なら、
①他店から乗り換えキャンペーン実施中：乗換客に特別サービス
②いつでも使えるチケット特集：常に使える保存版チケットずらり
③先取り流行ヘアを特別プライスで！：人気スタイルをズラリ＋お得
④人気スタイリスト全員集合：スタイリスト達の「得意」を自己アピール
⑤お客様の声特集：私達、〇〇サロンで美しく大変身‼
⑥極上のストレートヘアに100％の自信あり！：得意分野を徹底アピール

　などがあげられます。
　一見すると、デザイン案をランダムに挙げているように見えるかもしれませんが、実際には「価格訴求案」「価値訴求案」「世界観訴求案」といった数パターンに分類することができます。

　価格をメインにアピールしている価格訴求案は①、②、③です。
①他店から新規で来てくださる方のみ対象に「ご新規さん半額‼」
②マクドナルドのように「カット半額」「カラー半額」「トリートメント無料」と必ず自分に該当するものがあるようにチケットを並べる案等は「価格」を武器にしています。
③流行のヘアスタイルで「あぁ、この流行のヘアスタイルにしてみたかっ

4章　「7ステップ」でチラシを作ってみよう！【準備編】

たのよねぇ」とハートをつかんでおいて、「今月末まで50% OFF！今だけ‼」

このサロン独自の世界観を表現しているのが④と⑤です。
④アンケートによって評価の高かった人気スタイリストの集合案
⑤「私達、皆5年以上通っているんです♡‼」＋愛用者の方々の笑顔＋私はここが好き！の各コメント　といったイメージのお客様の声案

そして、「あなたの髪をうっとりするほどの美髪に変身させます！」という売りを一本に絞って価値で勝負をかける価値訴求案が⑥です。

このように一見、ランダムに挙げられたそれぞれの案は必ず「どれかのカテゴリー」に分類されますので、そこをしっかり押さえておきましょう。
　気づいたらほとんどが「お客様の声案」だった……というようなこともあります。
　思い思いに「こんな案がいいなぁ……」というのを自由な発想で引き出していって、後から整理をすればいいのです。最初からカテゴリーに縛られて発想が貧弱になるより、**まずは「ワクワク」しながらいろいろと出し合うことが一番大事**です。

4章 「7ステップ」でチラシを作ってみよう！【準備編】

STEP 2 ▶ クリエイティブ開発

自社の世界観はどれ？
マトリックスを作って自社診断

- ☑ 競合をマークして自社を知る
- ☑ 自社の世界観がブランドイメージに
- ☑ 顧客にぱっと再現してもらうこと

　デザインを何パターンか作っていく際には、あらためて自社商品・サービスのブランドはどんなイメージなのか？　を整理しておくことをお勧めします。

　女性は商品を選ぶとき、その「世界観」に左右されるケースが比較的多いものです。
　女性は右脳で判断する、と前述しましたが、こんな商品を使う自分、こんなイメージのものを愛用している自分、という自分のブランディングを意識的にしています。

　右図のようなものを「マトリックス表」と言います。
　ある化粧品ブランドを例にご説明しましょう。
　まずは大まかにポジションの確認をします。＜事実の確認＞
　縦軸に価格帯→「高いのか？　安い（リーズナブル）のか？」
　横軸に効果感→「強いか？（医薬部外品）　優しいか？（漢方など）」
　競合他社をマークしたら、自社製品を最後に置いてみます。
　この場合、「一般的価格より少しリーズナブルなのに効果は高め」とい

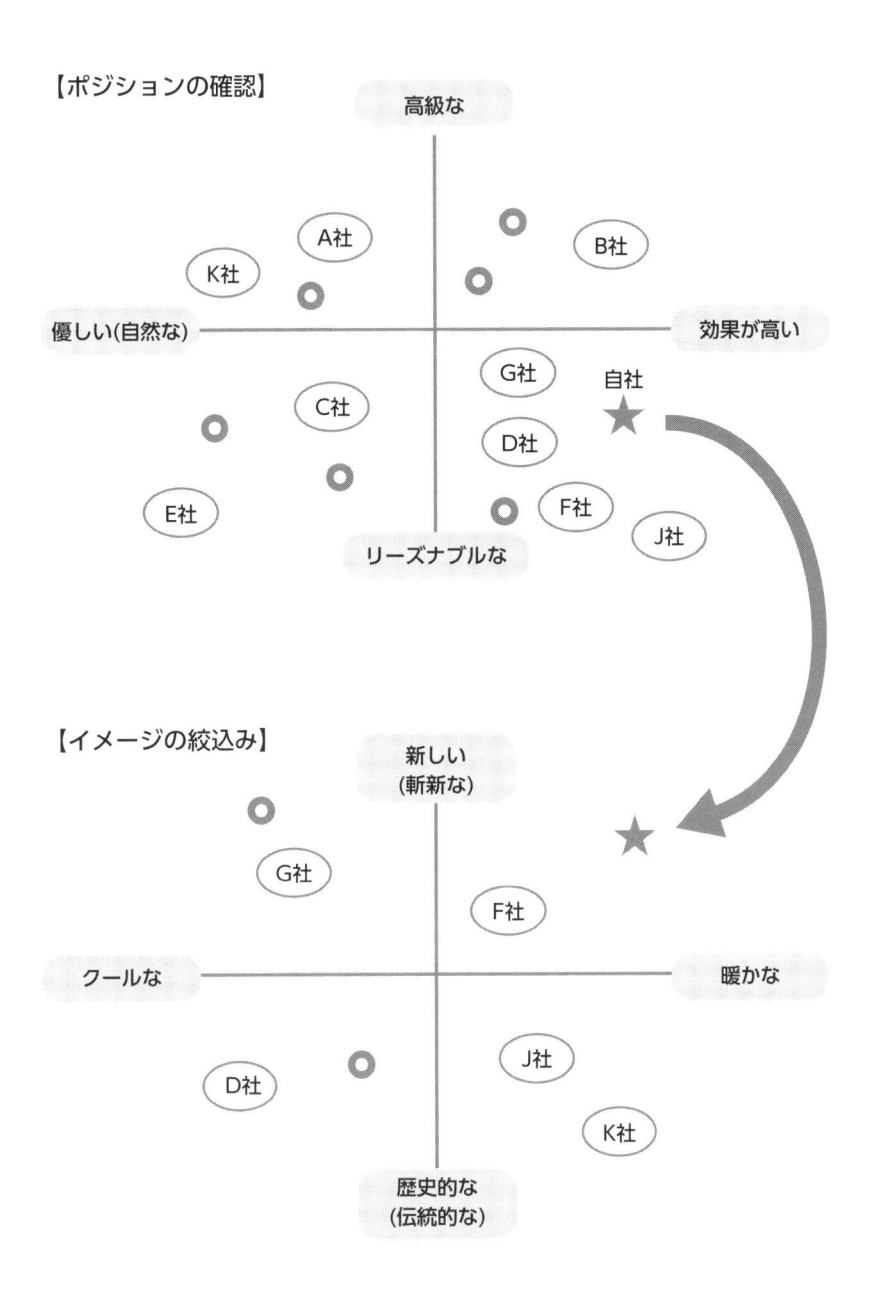

自社のポジション・世界観を知るためのマトリックス表

【ポジションの確認】

```
           高級な
            │
    K社  A社│    B社
       ○   │  ○
           │
優しい(自然な)─────────────効果が高い
           │
           │  G社
       C社 │  ○    自社
       ○  │ D社   ★
   E社     │ ○
           │    F社  J社
           │  ○
        リーズナブルな
```

【イメージの絞込み】

```
              新しい
             (斬新な)
               │
         ○     │
       G社     │         ★
               │  F社
               │  ○
クールな ──────┼────────── 暖かな
               │
               │    J社
      D社  ○   │
               │    K社
               │
             歴史的な
            (伝統的な)
```

4章 「7ステップ」でチラシを作ってみよう！【準備編】　103

うことになります。

さらに絞り込みを進めます。
縦軸に歴史感→「伝統的か？　新しく斬新か？」
横軸に受けるイメージ→「クールでかっこいいか？　明るく暖かいか？」
というイメージで競合他社をマークしていき、自社がどの位置にいるかをあらためて認識します。
この場合は「最新技術による新しい商品で、明るく暖かなイメージ」となります。

競合他社をマークしたことによって自社の位置関係が明確になると、多少強気なコピーと色味の世界観が具現化してきます。

「しっかり実感できて嬉しい価格！　今までにない新技術で２倍のハリ、艶！」
テーマカラーはブランドイメージに合わせて暖色を使い、ポイントに黒を差し色として使うことで、効果感を表わすことができます。
このように、広告イメージを描いていきましょう。

私がよく行なっている方法は、化粧品の広告なら、デパートやドラックストア、ロフトやソニープラザなどに行って、あるだけの化粧品パンフレットをもらってきます。
そしてそれらのパンフレットから受ける商品イメージをマトリックス上にマークしていきます。

なぜこの作業をするかと言うと、自社のサービスブランドをお客様にアピールする際、**イメージがある程度一定でないとユーザーの心理にパッと再現しないからです。**

「オレンジ×黒×白」で牛丼とくれば、「吉野家」を連想しますよね。

「黄色×オレンジ×青」で牛丼なら、「松屋」をイメージしませんか？

ちなみに、本書でお伝えしている「7ステップ」の世界観はピンク色で大きな「7」を印象的につくり上げています。

マトリックスにした時に**「やや専門的で、効果があって、でもわかりやすく明るいイメージ」**がテーマでした。

したがって女性を意識したピンクをメインカラーとし、明るさをイメージした中にも論理的に組み立てられたビジネスモデルですよ、ということを伝えられる世界観を作りました（下は7ステップのパンフレット）。

もちろん、多くの反響を得る広告を作ることが目的なのですが、**「自社ブランドはこういうイメージ」**ということをしっかり持つことが大事です。

そのイメージをなるべく崩さずに広告を作っていくというルールを持ち、より効果的にアピールするための方法は何か？　を探っていきましょう。

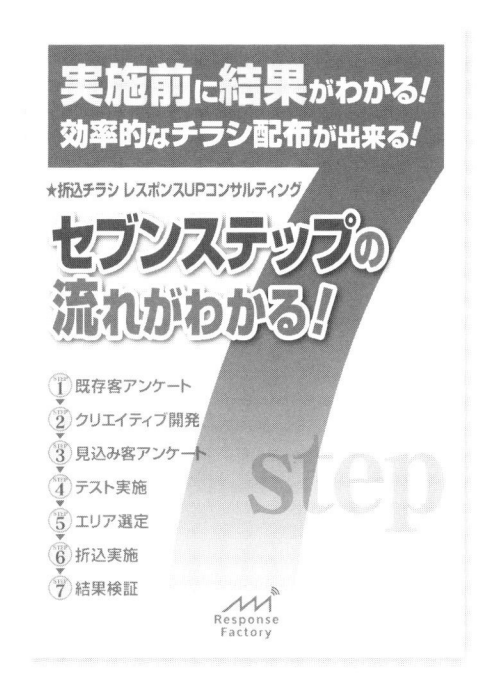

STEP 2 ▶ クリエイティブ開発

既存顧客アンケート / **クリエイティブ開発** / 見込み客アンケート / テストチラシ(ABスプリット) / 折込みエリア分析 / チラシ折込み / 結果検証

ブランドは大事、でもユーザーのニーズも大事。どうすればいいのか？

☑ ブランドをどこまで出すか考える
☑ 大特価はリピートしない
☑ 市場ニーズを知って検討する

　自由な発想で案を出し合って、さらにマトリックスで自社の世界観（ブランドイメージ）を明確にすると、少し困ったことが起こります。
　それは「ブランドをどこまで広告に表現するか？」です。

　たとえば、すごくナチュラルで優しいイメージ、色で言えば「白×グリーン」の純真無垢な世界観をお持ちのお店が、徹底的に強気な価格訴求の広告を作りたい、そんな場合、**優しい←→強気というギャップ**が生まれてしまうのです。
　ブランドを大事にするあまり、「価格が今だけすごく安い！」という一番の売りを殺していいのか？　と頭を悩ませることになるでしょう。

　もし、ここ一番の勝負をかける「大特価!!」チラシを作るのであれば、価格訴求ばかりの案を5種〜8種作り、そのうち、上質なブランド感を殺していく案を3パターンほど入れてみます。激安感30％、60％、90％と変化をつけて、顧客の購買意欲がどの案で一番高まるかを調べてみればいいのです。
　たとえば、激安感90％の広告が調査の段階で一番だったとしたら、そ

激安感
30%

60%

90%

4章 「7ステップ」でチラシを作ってみよう！【準備編】

れが市場のニーズ。したがって、その上で、どの案でいくか考えればよいのです。

「安さだけが目当てのリピート性が弱いお客ばかり来ても困るなぁ……。来客数が少なくても、リピートしてくださる、ある程度の上顧客を呼びたい」と考えるなら、90％激安ではなく、60％激安くらいの案を使用するという判断をします。

「今回はとにかく売りたい!! とにかく集客してその中でウチのブランドに惚れてもらうよう接客をする」という作戦であれば、95％激安案を使用すればいいでしょう（あくまでもこれが調査で勝った場合ですが）。
　調査の方法はステップ3で説明します。

👑 STEP 2 ▶ クリエイティブ開発

【クリエイティブ開発】

競合を意識したチラシ、市況を意識したチラシ、今までの勝ちチラシ

☑ 他社が言えないことをアピール
☑ 市況を味方にする
☑ 過去の勝ちチラシを基準に傾向を見る

チラシのパターンを自由に出し合ってはみたものの、何か足りないんじゃないか？　と感じることがあるかもしれません。

その場合、次の7つの方向性を参考にしてみてください。

【価格】【価値】【お客様の声】【オリジナリティ（世界観）】【競合】【市況】【勝ちチラシ】

「価格」「価値」「お客様の声」はここまでの事例でご説明してきました。「オリジナリティ」は他にはない自社の特徴のことです。

では「競合」「市況」「勝ちチラシ」とは何なのでしょうか。

競合：競合他社を意識したチラシのこと。たとえば青汁のチラシを作るとしたら「青汁はマズい？　いいえ、この青汁は98％の方がおいしいと言いました」といったものや、店舗であれば「地域ＮＯ１の品揃え！　地域ＮＯ１の巨大スペース！」など、あえて他店に宣戦布告する広告です。近年では、ペプシコーラがコカコーラに対抗して作ったＣＭが印象的でしたね。

市況：その時の市況状況を意識したチラシのこと。消費税増税などは徹底的なアピール材料になりますよね。

　「消費税アップ前の最終バーゲン!!」
　「今なら！　リフォーム減税ローンが適用されます！」
　（グルコサミンが膝の痛みに効くというのが流行であれば）「グルコサミンで満足できなかったあなたへ」

勝ちチラシ：今まで実施した自社チラシの中で一番反響のよかったチラシのことです。あえて数種類の案の中に入れることで、「この案よりよいのか？　悪いのか？」という傾向を見ることができます。コントロールチラシとも言います。

■スポーツクラブのチラシ例

価格：新規入会キャンペーン！　入会金０円！　初月会費50% OFF!!
価値：「美しいくびれ」をたった３週間で作る！　をお約束！
お客様の声：まったく運動が苦手だった私が毎日通って気づけばスリム
オリジナリティ：海・空・大地をイメージした大空間で思いっきり汗をかけます
競合：地域最大級の大浴場完備！　運動も癒しも地域ＮＯ１!!
市況：今、大人気の「ホットヨガ」クラスを大増設！

■ピザ屋さんのチラシ例

価格：クーポンチラシ。「今月末までクーポン提示で全商品半額!!
価値：本場ローマから直送素材で生地作り！　石焼釜でできたて熱々！
お客様の声：感動がとまらない！　お口でとろけて芳醇な深い味！
オリジナリティ：95種類のピザと50種類のビールで最高のおもてなし
競合：創業40年、この街で一番ながーいピザ屋です
市況：消費税アップ後だからこそお客様還元サービス！　１枚頼むと２枚目半額!!

👑 STEP 3 ▶ 見込み客アンケート

見込み客アンケート

どのデザインが当たるのか？アンケートでテストする

- ☑ ネットよりもリアルアンケート
- ☑ リアルアンケートとは紙のアンケート
- ☑ チラシの良し悪しはターゲットに聞く
- ☑ ターゲットの傾向をつかむ

デザイン案ができあがったら、見込み客アンケートを実施します。

見込み客のアンケートとはどんなものでしょうか。

アンケート対象者は、まだお客様になっていないけれど、これからお客様になり得るだろう一般の人たちです。そういう潜在的なお客様に、「このチラシを見た時にあなたは商品を買いたいと思いますか？」というアンケート調査をするのです。

多くの広告代理店やリサーチ会社では、「ネットアンケート」を使うのが主流です。500人、1000人といった大量のアンケートを短期間で取れるからです。

ところが、7ステップでは**リアルアンケート**を実施します。

リアルアンケートとは、実際にチラシのデザイン案を印刷して対象者のコミュニティまで持って行き、手に取って見てもらい、「このチラシを見てどう思う？」と聞いてくることです。

なぜ、リアルアンケートなのでしょうか？

ちょっと想像してみてください。

折込みチラシを見て「1本100円の大根を他店では60円で特売している！ 今日は豚バラ大根にしよう」とスーパーに走る主婦と、ネットで何かを検索している主婦とはちょっとタイプが違うように思いませんか？

主婦の就業率が格段に上がった昨今では、家事に育児にパートに駆けまわっていて、パソコンにゆっくり向かい合う時間はそうそうありません。

もちろん、職業上、ネットが身近な主婦はたくさんいますし、パソコン普及率も格段に上がりました。

でも、**「折込みチラシを見てものを買う主婦」という顧客属性からしても、また折込みチラシ対象者が主に50代以降と言われている市況状況を考慮しても、ネットのみでのアンケート調査は少し無理があるのです。**

さらには、パソコン画面で見るイメージよりも、紙に印刷された、チラシの完成形に近いものを見てアンケートに答えるほうが、より事実に近い結果が得られます。

１章の「チラシ力診断」で、あなたは何問正解しましたか？

　便秘のチラシで、アタリはインパクトの強い「便秘解消！」案が一番では？　と思いがちですが、実際はウエストのくびれが描かれた案でしたね。
　たとえばこの場合、ターゲットは主婦ですから40歳〜50歳くらいのパートさんがたくさんいるコミュニティで聞き込み調査を行ないました。
　すると、ほとんどの場合で「ウエストのくびれ」案が一番になります。

　また、お茶のチラシの場合、チラシのターゲットがお年寄なので、ある地域の老人クラブに行って、30名くらいのお爺さん、お婆さんにアンケートを取りました。
　「このお茶の最大の特徴である"癌に効果!?　栄養満点です！"の案が１番になりそう！」と制作チームは仮説を立てましたが、アンケートの結果は「産地直送！」案でした。
　アンケートをとったエリアは横浜のとある地区。
　お茶の産地はまったく別の県なのに、購入ターゲットとなるお年寄りたちは、このお茶の効果効能を本当によくご存じでした。当時、日中のテレビ番組で話題になっていたからなんですね。
　有名になったこのお茶は、コンビニやスーパーですでにたくさん売られていましたが、若い制作者たちはそんなことを知る余地もありません。
　だから、「通販でわざわざ買うなら『産地直送！』が一番買いたくなる」というお年寄りの発想と制作者達の発想にギャップが生じるのです。

　後に、アンケートで２位だった「推薦者」案と一緒に撒いてみると、やはり「産地直送」案が勝ちました。

　このように、**チラシはターゲットに実際に聞いてみるのが最も重要な**ことなのです。

　実際のところ、４種類のチラシで事前にアンケート調査をした場合の順

4章　「7ステップ」でチラシを作ってみよう！【準備編】

位と、実際に折込みチラシを撒いた後の反響の順位は、**1位、2位までが高い確率で同じになります。**

また、全国対象のネット調査とリアル調査とを同時に実施した場合でも、高い確率で順位が一緒になるのです（この場合、ネット調査の対象者を、折込みチラシ対象者に近い状況に絞り込む必要があります）。

統計学が注目されている昨今ですが、**ある一定の属性に同じ質問を投げかけたとき、その答えには一定の「傾向」が見えます。その傾向をつかんでチラシのレスポンス率を上げていく、これが7ステップの最大のキーポイント**なのです。

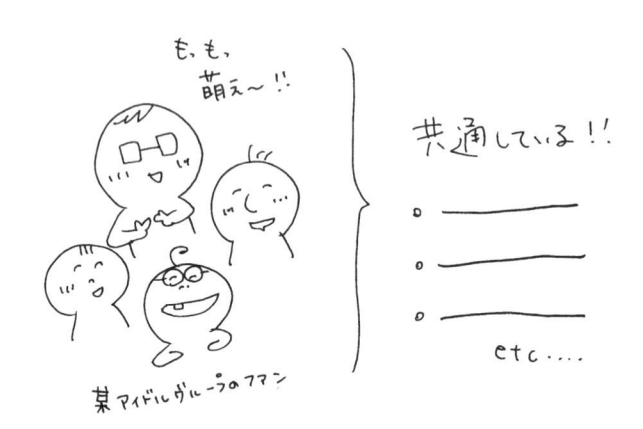

STEP 3 ▶ 見込み客アンケート

見込み客アンケート

一体、どこで、誰に取ればいいのか？「ターゲットは誰か」が肝心

- ☑ チラシのターゲットが誰かを明確にする
- ☑ 老人会、自治会に相談する
- ☑ 有料で実施できる団体もある
- ☑ 必ずターゲットに聞くこと

さて、アンケート調査といっても、このチラシのターゲットがいそうな場所はなかなかわからないものですよね。そこで、リアルアンケート調査が行なえるアイディアをいくつかお教えします。

まず、チラシのターゲットが誰であるか？ を明確にしましょう。その商品の購入者をイメージするとともに、折込みチラシを見るのは基本的に主婦層が多いですから、その点も考慮して実施場所を検討していきます。

主婦
- 近所の自治会合の集まり
- ママさんバレーなどのスポーツコミュニティ、地域の主婦サークル
- パートさんが多く勤めているスーパーや企業
- 関連会社に協力してもらう（例：3社に40代〜50代を各10名ほど集めてもらう）

高齢者
- 地域で運営の老人クラブ会合
- 歩こう会、ボーリング大会
- 地域の自治会

自治会やスポーツコミュニティ等、利益を目的にしない運営団体の場合、良心的に対応してくれるところが多く、知り合いがいればさらにスムーズに実施できます。
　その場合、人数で分けられるくらいの菓子折りは用意していきましょう。金銭の授受はかえって抵抗があるようです。
　一度うまくコミュニケーションが取れれば、２回目以降も快く対応してくださいます。
　また、知り合いがいなくても、運営事務局に問い合わせをして試供品を提供するなど、先方にとって役立つサービスがあれば、相談に乗ってもらえます。

　老人クラブなども非営利目的で行なっているケースが多いので、協賛品として何か景品を用意すれば会自体を盛り上げる要素となって、協力していただける確率が高まります。
　昨今では、500人〜1000人規模の老人会が日々どこかで開催されていて、運営事務局に問い合わせれば有料で試飲会、アンケート調査ができるケースが増えてきています。※

　また、企業向けの手法ではありますが、パートさんが多い企業にコネクションを持ち、一定料金をお支払いしてアンケートを実施するのも大変有効です。私の会社では、この方法で数百件の大規模アンケート調査を実施し、たくさんの成功事例を作ってきました。

　アンケートはできれば30人以上は取りたいところです。
　でも、10人であっても傾向は見えるので、時間がない時や、大人数での実施が難しい場合でも、**必ずターゲットとなる方の意見を聞きましょう。**

※老人クラブ運営事務局 老恋ジャー委員会
（株）エグザクト TEL：03-6435-9255

👑 STEP 3 ▶ 見込み客アンケート

見込み客
アンケート

「何を聞くか」はとても重要。
アンケートの紙面はこう作ろう

- ☑ 答えてくれる方の属性をチェックする
- ☑ 3つ選ばせて1つに絞る
- ☑ なぜ選んだのか、理由を必ず聞く

　次のページは、見込み客アンケートの＜アンケート紙面＞です。

　数種類のデザインの中でどれが一番よいか？　を聞くわけですが、「何をどう聞けばいいのか？」「質問はいくつくらいが適切なのか？」を解説していきます。

　ＳＣ１、ＳＣ２とは「スクリーニング調査」の意味で、**あらかじめ答えてくださる方の属性を把握するために**行ないます（簡単な調査の場合は必要ありません）。

見込み客アンケート①

> こたびはアンケートにご協力いただき、誠にありがとうございます。
> まずはあなた自身についてお聞きします。
> あてはまる□にチェックをしてください。

SC1　あなたの年代を教えてください。（お答えは1つ）

40-49歳	□1
50-59歳	□2
60-69歳	□3

SC2　あなたは現在、どのようなお悩みをお持ちですか。
　　　（お答えはいくつでも）

目の疲れ	□1
野菜不足	□2
体力不足	□3
高血圧	□4
高血糖値	□5
物忘れ	□6
便秘	□7
その他（具体的に：　　　　　　　）	□8
特に悩みはない	□9

ここから本調査に入っていきます。

デザイン調査──どれが一番反響を取れるのか？

まず、「デザイン」についてアンケートを取ります。簡単に言えば、次の3つを聞いていきます。

---

①この中であなたが魅力的と感じるものを3つお選びください

⬇

②その中でも「最も魅力的」と感じるものを1つお選びください

⬇

③「最も魅力的」に選んだ、その理由を教えてください

調査対象者が少人数なのに、デザインのパターンがたくさんあって意見が割れてしまうと、傾向がつかみづらくなります。

したがって①では、30人×3個＝90回答にすることで、傾向を見えやすくしています。

次に「その中ではどれが『最も魅力的』ですか？」と聞き、一番を選出します。

これが真の1位になる訳ですが、2位と3位が同率だった場合に①の意見を参考にする、という具合です。

③の**「その理由を教えてください」は最も重要な質問項目**です。なぜなら、ただ1位を選出しただけですと、選ばれた理由は想像するしかなくなってしまいます。

たとえば、サプリメントの広告においしそうなステーキの写真がドーンと載っていたとします。

「こんなに食べるのは段々しんどくなってきた……手軽に栄養補給！」という意味でサプリメントを勧めているのに、アンケートの答えが「ステーキがおいしそうだったから」というケースが稀にあるのです。

アンケートに答える側は本当にそう感じたから書いたわけですが、これでは求めていた主旨とは異なりますよね。

この場合はステーキのおいしさのほうが目立ってしまったのが原因ですから、「段々しんどくなってきた」のコピーよりも「こんなに食べれないあなたへ➡手軽に栄養補給！」というチラシに変更する必要がある、ということなんです。

つまり「理由」を聞くことは、アンケート全体の中でも、こちらの知見を溜める有効な質問項目となります。

Before

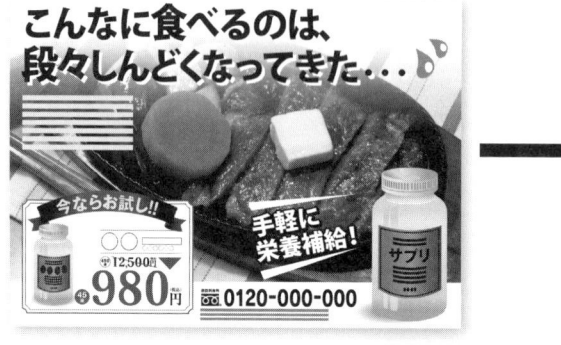

After

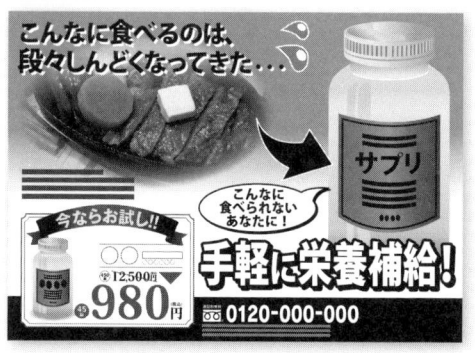

見込み客アンケート②

> 今回は○○のチラシについてのアンケートです。
> 引き続き、あてはまる□にチェックをしてください。

Q1 あなたは現在、○○を購入していますか。(お答えは1つ)

現在購入している	□1
過去に購入したことがあるが、現在は購入していない	□2
購入したことはない	□3

Q2 別冊の【チラシ資料】をご覧になってお答えください。

Q2-1 【A】~【H】のチラシをご覧いただき、**購入したい**と感じるチラシはどれですか。(お答えは3つ)

【A】のチラシ	□1
【B】のチラシ	□2
【C】のチラシ	□3
【D】のチラシ	□4
【E】のチラシ	□5
【F】のチラシ	□6
【G】のチラシ	□7
【H】のチラシ	□8

Q2-2 また、その中で**もっとも購入したい**と感じるチラシはどれですか。
（お答えは１つ）

【A】のチラシ	□1	【E】のチラシ	□5
【B】のチラシ	□2	【F】のチラシ	□6
【C】のチラシ	□3	【G】のチラシ	□7
【D】のチラシ	□4	【H】のチラシ	□8

Q3 「もっとも購入したい」と感じたチラシについてお聞きします。なぜそう感じたか、理由をお答えください。（お答えは具体的にお願いします）

Q4 引き続き、別冊【チラシ資料】をご覧になってお答え下さい。
　　【A】〜【H】のチラシをご覧いただき、もっとも購入したいと**思わない**と感じるチラシはどれですか。（お答えは１つ）

【A】のチラシ	□1	【E】のチラシ	□5
【B】のチラシ	□2	【F】のチラシ	□6
【C】のチラシ	□3	【G】のチラシ	□7
【D】のチラシ	□4	【H】のチラシ	□8

Q5 「もっとも購入したいと**思わない**」と感じたチラシについてお聞きします。なぜそう感じたか、理由をお答えください。（お答えは具体的にお願いします）

コピー調査──どれが一番よい文章か？

次はキャッチコピーの調査です。

コピーテストでは、魅力的と思われるコピーを20項目くらい並べて評価します。

①魅力的なものを3つ選ぶ
　　↓
②最も魅力的なものを1つ選ぶ

デザインで上位にランクしたチラシが「画像」で評価が高かったのであれば、そこにさらに強いコピーを載せれば、もっと強い広告になりますよね。

ところが、コピー調査の結果を見ると、より評価の高いコピーがありました。それがコピー4です。

> コピー1「グッドデザイン賞に選ばれました」
> コピー2「今なら見て、触って、体験見学会実施中！」
> コピー3「木の温もりと高気密・高断熱にこだわった設計」
> **コピー4「顧客満足度ＮＯ１に選ばれた住まい」**
> コピー5「来場記念でもれなく便利グッズプレゼント！」

したがって、コピー1は「信頼コンテンツ」としてアイコンで使い、メインコピーはコピー4に変更し、より強い広告にしました。

見込み客アンケート③

Q6 以下はチラシ上に入る文言になります。
Q6-1 この中から、魅力的だと感じる文言をお選びください。(お答えは3つ)
Q6-2 また、その中でもっとも魅力的と感じる文言をお選びください。
(お答えは1つ)

	Q6-1 魅力的だと感じる文言 ※お答えは3つ	Q6-2 もっとも魅力的だと感じる文言 ※お答えは1つ
体力回復！ 実感してください！	□1	□1
みかんの甘みたっぷり！	□2	□2
20年のロングセラーが証明する驚きのおいしさ	□3	□3
あけるだけのカンタンスムージー	□4	□4
探していませんか？ おいしい〇〇	□5	□5
これぞ探し求めていたサプリメント	□6	□6
10種類の青野菜	□7	□7
1日の野菜不足分を1本で補える	□8	□8
20年のロングセラー	□9	□9
野菜が苦手な人でも続けられる	□10	□10
みかんとレモン配合	□11	□11
独特の臭みが一切なし	□12	□12
粉っぽさなし	□13	□13
苦くない	□14	□14
砂糖・食塩・香料・着色料不使用	□15	□15

Q7 引き続き、別冊【チラシ資料】をご覧になってお答えください。

【A】~【H】をご覧いただき、もっとも**ブランドの信頼性を感じる**チラシはどれですか。(お答えは1つ)

【A】のチラシ	□1
【B】のチラシ	□2
【C】のチラシ	□3
【D】のチラシ	□4
【E】のチラシ	□5
【F】のチラシ	□6
【G】のチラシ	□7
【H】のチラシ	□8

アンケートは以上になります。ご協力ありがとうございました

4章 「7ステップ」でチラシを作ってみよう！【準備編】

さて、アンケート調査で一番聞きたい重要事項、それが
「ビジュアル×コピー」
ですので、大体がこれまでの設問で聞けたことになります。

　私の経験上、アンケート調査の大きな質問は5問から6問くらいがベストです。と言うのも、ご回答いただく方のモチベーションの問題です。
　以前、60代から70代のお年寄りに調査した際、8〜10問目くらいで回答が白紙になるケースが多発しました。
　調べると皆、70代の方でした。
　ご高齢の方ではなくても、意欲的に答えていただけるのは5〜6問、と思っておくことをお勧めします。

　大きなくくりで言うと、デザインとコピーしか聞いていませんので、あと2問くらいは別の質問があってもいいでしょう。
　特に聞きたいことをチョイスして質問に加えればいいのですが、代表的なものをご紹介します。

> ●質問例
> モデル評価：どのイメージモデルだったら商品を買いたくなるか？
> 商品画像評価：家（不動産）リフォーム事例、好感度の高いものはどれか？
> 価格評価：価格の見せ方、そもそも商品単価の設定など
> 意識調査：商品、サービスに関する意識調査（選択式、記述式）

　これ以外にも、普段聞けない市場の声を聞ける絶好のチャンスです。意見を出し合って、有効に活用するようにしてください。

　アンケート調査は、7ステップの中でも最も重要なパートですが、何よりも実施すること自体を楽しんで取り組んでほしいと願っています。
　「ワクワクしながらアイディアを出して」と、デザイン案を出す時にも

述べましたが、

未来のお客様の声を聞く
⬇
その声を販促活動に生かす
⬇
営業戦略自体に影響を及ぼす
⬇
当社の大きなビックチャンスにつながる

　……かもしれない！　というワクワク感を持って、「聞きたいこと」をじっくり検討してみてください。

ずっと役立つわかりやすい集計表の作り方

本調査

Q1-1 以下のチラシ広告【A】〜【H】をご覧いただき、ダイエットしたくなると感じるチラシはどれですか。（お答えは3つ）
Q1-2 また、その中でもっともダイエットしたくなるチラシはどれですか。（お答えは1つ）

★ 勝ちチラシ

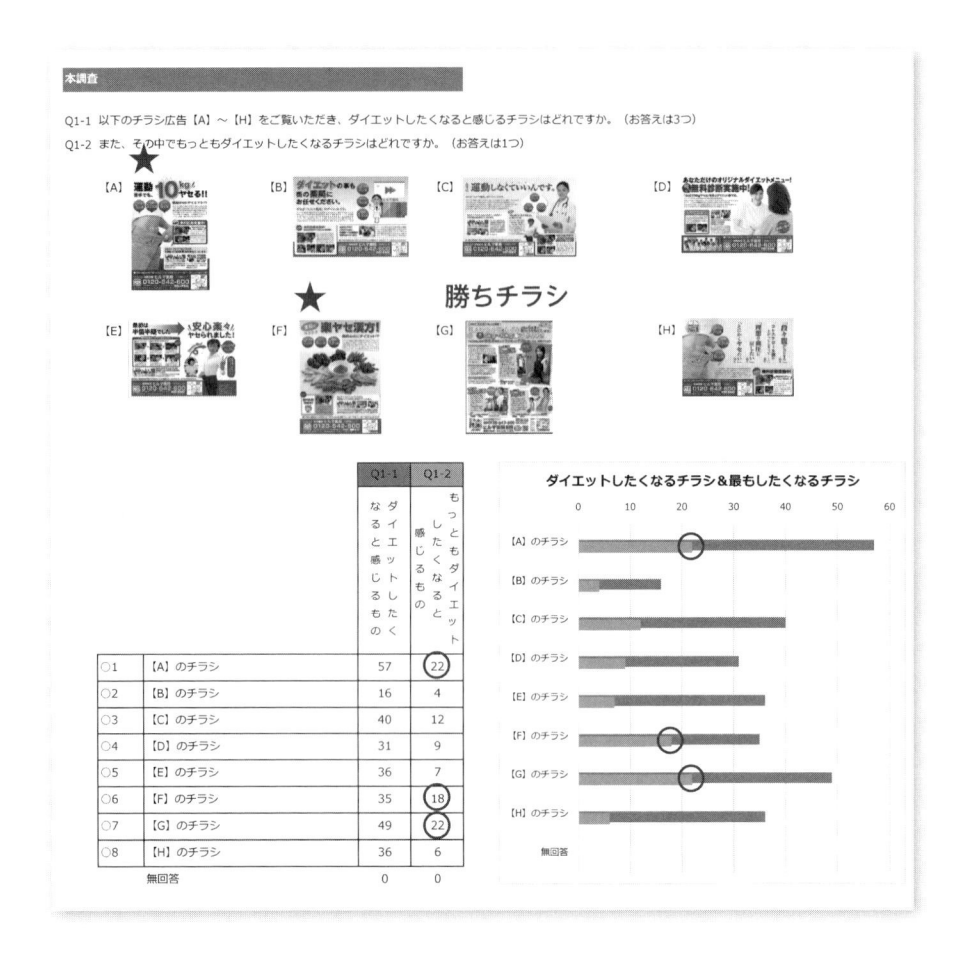

		Q1-1 ダイエットしたくなると感じるもの	Q1-2 もっともダイエットしたくなると感じるもの
○1	【A】のチラシ	57	(22)
○2	【B】のチラシ	16	4
○3	【C】のチラシ	40	12
○4	【D】のチラシ	31	9
○5	【E】のチラシ	36	7
○6	【F】のチラシ	35	(18)
○7	【G】のチラシ	49	(22)
○8	【H】のチラシ	36	6
	無回答	0	0

ダイエットしたくなるチラシ&最もしたくなるチラシ

> この場合、「G」（過去の勝ちチラシ）が強い傾向が出たものの、Q1-1では「A」が優勢。また、Q1-2で「A」と「G」を除くと「F」が優勢。したがって、「A」と「F」が次のステップに進む候補チラシとなる

128

Q3-1 以下の文言は、チラシ上に入る文言になります。この中から、魅力的だと感じる文言をお選びください。（答えは3つまで）
Q3-2 また、その中でもっとも魅力的と感じる文言をお選びください。（お答えは1つ）

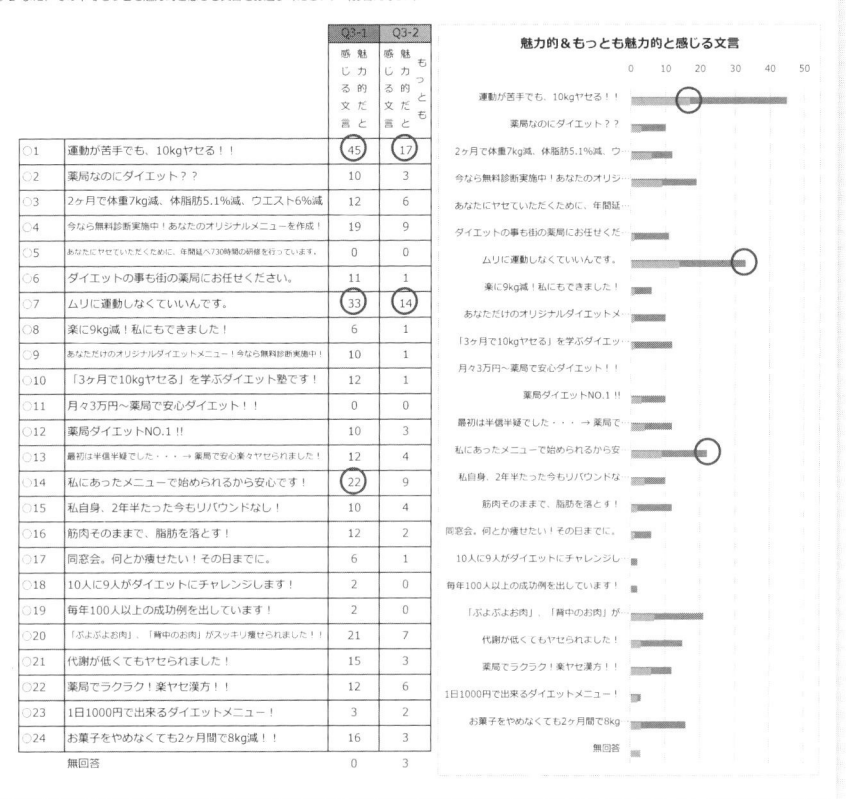

		Q3-1 魅力を感じる文言だと	Q3-2 もっとも魅力的だと感じる文言
○1	運動が苦手でも、10kgヤセる！！	(45)	(17)
○2	薬局なのにダイエット？？	10	3
○3	2ヶ月で体重7kg減、体脂肪5.1%減、ウエスト6%減	12	6
○4	今なら無料診断実施中！あなたのオリジナルメニューを作成！	19	9
○5	あなたにヤセていただくために、年間延べ730時間の研修を行っています。	0	0
○6	ダイエットの事も街の薬局にお任せください。	11	1
○7	ムリに運動しなくていいんです。	(33)	(14)
○8	楽に9kg減！私にもできました！	6	1
○9	あなただけのオリジナルダイエットメニュー！今なら無料診断実施中！	10	1
○10	「3ヶ月で10kgヤセる」を学ぶダイエット塾です！	12	1
○11	月々3万円〜薬局で安心ダイエット！！	0	0
○12	薬局ダイエットNO.1！！	10	3
○13	最初は半信半疑でした・・・、薬局で安心楽々ヤセられました！	12	4
○14	私にあったメニューで始められるから安心です！	(22)	9
○15	私自身、2年半たった今もリバウンドなし！	10	4
○16	筋肉そのままで、脂肪を落とす！	12	2
○17	同窓会、何とか痩せたい！その日までに。	6	1
○18	10人に9人がダイエットにチャレンジします！	2	0
○19	毎年100人以上の成功例を出しています！	2	0
○20	「ぷよぷよお肉」、「背中のお肉」がスッキリ痩せられました！！	21	7
○21	代謝が低くてもヤセられました！	15	3
○22	薬局でラクラク！楽ヤセ漢方！	12	6
○23	1日1000円で出来るダイエットメニュー！	3	2
○24	お菓子をやめなくても2ヶ月間で8kg減！！	16	3
	無回答	0	3

魅力的＆もっとも魅力的と感じる文言

> コピーは「1」「7」「14」が有効なので、表面にアイコンとして、裏面に大きなコピーとして扱う

4章 「7ステップ」でチラシを作ってみよう！【準備編】

STEP 3 ▶ 見込み客アンケート

既存顧客アンケート／クリエイティブ開発／**見込み客アンケート**／テストチラシ（ABスプリット）／折込みエリア分析／チラシ折込み／結果検証

驚き！のアンケート結果事例集

- ☑ 伝えたいことと色のイメージは合っているか？
- ☑ 誰のための広告か？
- ☑ 顧客は使うシーンを想定して物を買う

　ここで、アンケート回答から得られた驚きの結果事例をいくつかご紹介します。

　商品やサービスの対象となる方々が、実はこんなことを感じてたんだ！　とかこんな想いでいるんだ！　というのをあらためて知り、その内容にビックリした事例ばかりです。

驚き！　アンケート事例①

「初心者大歓迎!!　気づいたら楽してウェストマイナス６cm!!」

　というキャッチコピーで女性向けにダンススクールの広告を作ったとき、当初、制作側で企画したデザインカラーは「赤×黒」でした。

　ダンススクールの内装が、赤と黒の斬新でスタイリッシュなものだったからです。したがって、企業側から指示されたのは赤と黒を基調にしたデザインでした。

　ところが、見込み客アンケートの結果を見ると「色のイメージが『楽して』というコピーに合わない！」という意見が数多くありました。

「赤×黒」のイメージが強くてキツいものだったので、「本当は楽チンじゃないんじゃないの？」という印象を与えてしまっていたのです。

アンケートで一番評価が高かったのは、ピンク色の優しいイメージにしたデザイン案でした。

「まるでサプリメントを飲むだけのように、本当に楽して痩せられそう……」という評価でした。

そこで、チラシもポスターもピンク色のイメージカラーにして広告をつくったところ、大成功を収めました。

私は運動が大好きなのでピンとこなかったのですが、「楽して」というコピーに惹かれる女性の方々は「優しさ」や「安心」を求めるのだと学びました。同じ女性であっても、聞いてみなければわからないとつくづく感じた事例です。

驚き！　アンケート事例②

子供向けのチラシを作ったときのことです。

立地条件が都内一等地にありましたから、対象が年収1000万円以上の富裕層世帯になります。

企画側としては、「あまりベタな安っぽい広告より上質なイメージにしなければいけないか？」「でもインパクトは欲しいし……」と試行錯誤をしながら、
①インパクトの強い「赤×黄色」のパンチの効いた案
②品のよいお母様が好みそうな「ピンク×赤」の案
の２案でアンケートを取ることにしました。
※このケースでは、調査会社によるインターネット調査で、年収1000万円以上の富裕層の、子供を持つお母様に対してアンケート調査を行ないました。

企画側の仮説は②です。「赤×黄色」はインパクトはあっても、どうしてもスーパーの安売りチラシに見えてしまうからです。

ところが……いざアンケートを実施してみると、７割くらいの票を取ったのが①「赤×黄色」だったのです。
さぁ、なぜ結果が①だったのか、わかるでしょうか？
単純にインパクトがあるから、より目立つから、が答えなんでしょうか？

「なぜ、これを選んだのか」の理由を見てみると、ある方が①のピンク色のチラシに対して
「これはウチには関係ないものと思った。だって、ウチには男の子しかいないから……」
と回答していたのです。

そうなんです！　インパクトの前に、ピンク色という時点で「男の子向けのものではない」と察知して、あとはもう見ない……という方が少なくなかったのです。
おそらく「ピンク色」というだけで、男の子のお母様達はチラシを対象から外しているんですね。
ちなみに、女の子のお母様達の意見を見ると、②のピンク色を選んでい

る方は多くいらっしゃいました。
　仮説が外れていたわけではなかったのですが、視点が違いました。
　お母様は「女性」でも、**「誰のための広告なのか？」**が肝心だったということです。

▍驚き！　アンケート事例③

　あなたは、「普段は定価でしか買えない商品だけど、今だけお得に購入できます！」という3つの広告のうち、どれが最も魅力的だと感じるでしょうか？

①通常は1500円だけど、今だけ980円で購入できるサプリメント
②通常は3980円だけど、今だけ980円で購入できるサプリメント
③通常は5980円だけど、今だけ980円で購入できるサプリメント

　この場合、「③ではないか？　だって一番お得じゃない？」と仮説を立てる企画サイドの人はとても多いんです。
　でも、この商品の対象者100名にアンケート調査を取ったところ、結果は②でした。

　理由はこうです。
　「もし、とても気に入ってしまっても、5980円を払い続けるのはキツいから」
　継続購入することが前提のサプリメントという商品の特性を考えると、たしかにその通り。お客様はこの商品をどのように使うのか、まで考えなければならないと考えさせられたケースでした。

Column 4 ▶温度感の伝わるチラシは集客に効く

スタッフの顔をイラストで表現すれば親近感アップ＆目立つ

　私の会社では、名刺に担当者のイラストを載せています。新人男性スタッフのために、何とか盛り上がるネタがないかと考えたのが似顔絵名刺でした。イラストとともにUSP（「自分はこういう人です！」を表わす言葉）を名刺の目立つところに記載し、裏には自己PR的なコメントを載せます。すると大抵、学生時代の話に発展したり、故郷の話になったりします。セールスマンである前にまず1人の人間として魅力を感じてもらえるよう、名刺1つでもアレコレと手を尽くし考えたものでした。

　これはチラシにも共通します。
　どうしたらお客様に自分たちの想いをお伝えできるのか？　どうしたらよさが伝わるのか？　それを考えることだからです。
　広告の場合、写真ではなくイラストにすることで、お客様に「想像させる」ことになります。
　たとえば家庭教師のチラシ。「私たちがお子さんをやる気にさせます！」と似顔絵イラストがズラリとある中に、「愛称：イチロー、好きなこと：野球」などと書いてある先生がいて、自分の息子がイチローファンだったとしたら、思わず依頼したくならないでしょうか？　実際、私には電話して「この先生にお願いできますか？」と聞いてしまった過去があります（笑）。イラストの雰囲気がカッコよくて優しく、とてもよい印象だったのです。
　写真のリアルさよりも、いったんお相手に想像させ、よい印象を与えることができるのがイラストです。
　高級感を意識した広告にはあまり適しませんが、ターゲットが主婦で女性の場合は有効な手段と言えます。

「ワクワク」につながるイラスト

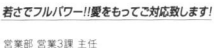

スタッフの似顔絵を動物にするのも一案。「7ステップ」の初期のパンフレットでは、スタッフの似顔絵をわざと誇張してコミカルに描くことでインパクトを出した。このパンフレットを配ってアンケートを取ると、5対5くらいで賛否が分かれたものの、女性は90%くらいの確率で「とても好感が持てる」に投票。「わ、面白い！」「楽しそう、ワクワク感がある！」と好感を持ってくれる。

5章
「7ステップ」で チラシを作ってみよう！ 【実施編】

- 50代～60代後半
- 家族持ち
- 年収 700万～
- 美容意識が高い

👑STEP 4 ▶ テストチラシ

既存顧客アンケート / クリエイティブ開発 / 見込み客アンケート / **テストチラシ（ABスプリット）** / 折込みエリア分析 / チラシ折込み / 結果検証

候補に挙がったデザインで小さくテストしてみる

☑ 2種類同時に撒いて反響を比べる
☑ 撒いてみて傾向を知る

　さて、ここからは実施編です。
　アンケートによって選ばれた1位と2位のチラシを実際に撒いていきましょう。
　ただ、サムネイルで作ったチラシは大まかなデザイン案なので、アンケートによって得られたさまざまな顧客の声を元にブラッシュアップ（精度を高める）をし、チラシを完成させましょう。

　1位のものはもちろんですが、2位のものは1位に近い成果が出るよう、評価が高かった素材を追加して広告力を高めるのです。

　そうしてでき上がったチラシ2種を、テストチラシとして撒いていきます。
　印刷会社に依頼する時に「2種混合（スプリット）で刷ってください」と依頼します。

　通常、1種類のB4チラシを印刷する場合は右のようになります。

1種類のチラシを印刷する場合

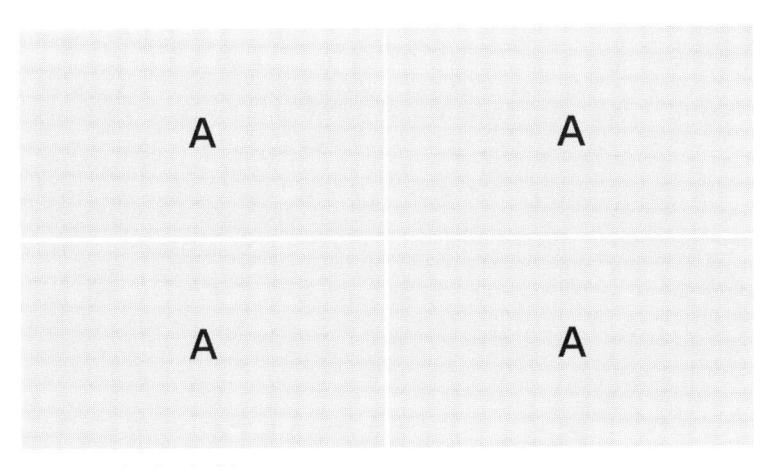

A	A
A	A

（※Ｂ半裁輪転機の場合）

　これが2種混合スプリット印刷の場合、下のようになります（1位のチラシをA、2位のチラシをBとする）。

2種混合スプリット印刷の場合

A	B
B	A

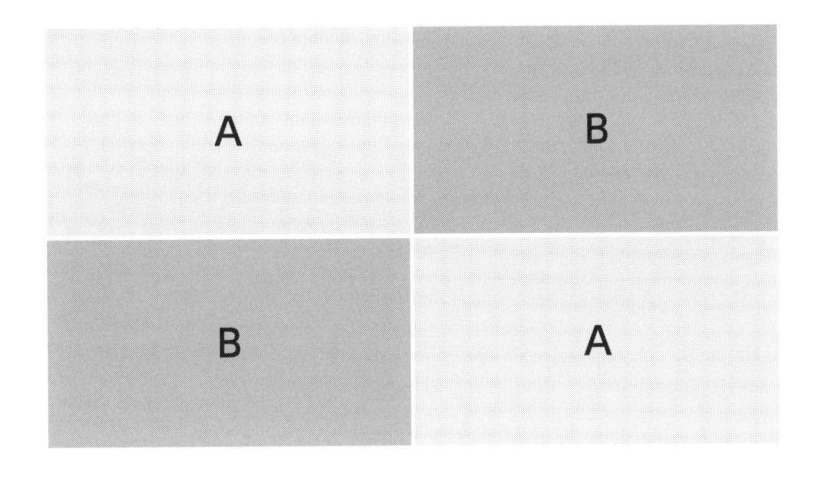

刷り上がると、ＡＢＡＢ……と積み重ねられますので、ある地域に撒いたとき、有田家にはＡ、隣の田中家にはＢ、という具合に配られます。

２種類のチラシが均等に配布されるので、地域差に影響されることなく、どちらのチラシが反響がよいかという傾向を知ることができます。

「小さく撒く」とはどういうことかというと、本当は30万部くらい撒きたいところを、たとえば、「５万部を２種スプリット印刷にして撒く」などということです。
仮にAが10件、Bが６件のレスポンスだったとしたら、30万部撒いたときには、「A＝60件、B＝36件の反響がある」という仮説が立てられますね。

アンケートではAが１位でしたが、Bのブラッシュアップが成功し、テストチラシの順位が逆転することもあります。その場合は元々考案していたレベルより２位が健闘し、より効果的なチラシが作れたと判断していいでしょう。

テストチラシの一番の意味は、実際に撒きたい部数（30万部）を実施した際に、**目標数値を取れるのかどうか、傾向を見るために行ないます。**
ここで目標値を取れる傾向が見られなければ、デザインの見直しをするか、目標設定も再検討、ということになります。
いずれにしても30万部撒いた時に大きな失敗をしないための施策です。

👑 STEP 4 ▶ テストチラシ

テストチラシ
（ABスプリット）

印刷屋さんが教える、いろんな「スプリットテスト」

- ☑ 3種類を同時に撒くこともできる
- ☑ エリアごとの属性がわかる
- ☑ デザインテストもできてしまう

　スプリットテストとは「効果測定ができる印刷手法」ということがわかりましたよね。

　他にもこんな方法があるんです。

3種スプリット印刷

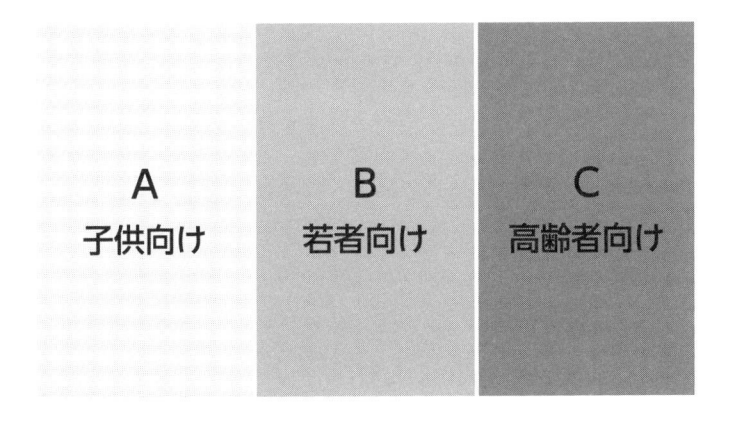

A	B	C
子供向け	若者向け	高齢者向け

Ｂ４チラシを図のように縦に２ヶ所断裁し、１枚が縦長になるようにします。

　何を効果測定するのかというと、たとえばスポーツクラブのチラシで、「Ａ：子供向け」「Ｂ：若者向け」「Ｃ：高齢者向け」と３種のデザインを同エリアに撒いた場合に、**このエリアではどの属性が一番反応するか？** を見ることができます。

　２種混合スプリット印刷と同様に、ＡＢＣ、ＡＢＣ……と同エリアに均等にランダムに撒かれます。

　Ｘ地区では子供向け、Ｙ地域では高齢者向けの反応が強ければ、次回からはそのエリアにあったデザインで徹底的に撒けばよいということになりますよね。

　単価が通常のＢ４サイズの１／３になるわけではありませんが、１部あたりは確実に安くなるのもメリットです。

　このチラシは「チケット」のように見えるので、私たちは「チケットチラシ」と呼んでいます。

　※印刷会社によっては印刷が難しいケースがあります。

　紙面が狭いので、どちらかというと「ご優待チケット」のようなプレミア感をつけて「お！新聞折込みの中になんかお得なチケットが入ってるぞ♪」と思わせるのが狙いです。

　内容で気をつけるべき点は、ターゲットによって異なります。

　子供、若者向けはホームページのＵＲＬを大きめに表記して、ホームページへの誘導を図ります。

　チラシに書けることは限られているので、スクールの特徴などをホームページで確認してもらいます。

　これに対して、高齢者の場合はとにかく「来館」を促すようなコピーにしましょう。

A 子供向け、B 若者向け

１日体験　無料チケット

お気に入りのスクールが今なら無料！　ＨＰで検索！
☞ http:// @@@@ co.jp

C 高齢者向け

無料健康相談　ご招待チケット

ご近所の方と楽しく参加できます！
先着30名様！
お電話でご予約後、チケットを持ってご来館ください

　その他、たとえば美容室なら、子供、大人、高齢者で載せるヘアスタイルやメニューを変えて３種で実施するのも効果的です。

　また、単純にエリアごとのターゲット属性を見るだけではなく、サムネイルで作った１位、２位、３位を簡素化した訴求内容でテストするのも面白いかと思います。

　たとえば、「夏までに－５kg、必ず痩せる！」「漢方で無理せずダイエット！」「美しいクビレを１ヶ月でGETする！」といった３種類のコピーで１回体験チケットを作成して、**どのチケットでどれだけ効果があるかを測定する**のです。

👑 STEP 5 ▶折込みエリア分析

既存顧客アンケート / クリエイティブ開発 / 見込み客アンケート / テストチラシ(A/Bスプリット) / **折込みエリア分析** / チラシ折込み / 結果検証

魚のいるところに
釣り糸をたらそう！

☑ よいチラシも「どこに投下」するかで決まる
☑ 居住エリアにも一定の属性がある

ここでいったん、少し違った分野の話に進みたいと思います。

いいチラシデザインができあがったとして、そのチラシを「どこに折り込むか」という判断がとても重要になってきます。

なんとなくお客様がいそうなところってここら辺かなあ、そんな曖昧な感覚で折込みエリアを決めていませんか？

右ページの表は、折込み会社が作っているエリア分析の資料で、全国の市区町村にどんな人が住んでいるか、わかるようになっているものです。

折込み会社によって資料はそれぞれ違います。

たとえば、あるエリア分析の資料では、年収1000万円以上のエリート層が多く住むエリアは赤、20代～30代の夫婦や若いファミリーが多いところは青やオレンジに色分けされています。

その他にも、たくさんの項目に分かれていて、学生が多いとか、大手企業の役員が多いとか、下町だとか、居住者の特性が色でわかるようになっています。

その資料を見ると、東京の自由が丘は"真っ赤"です。自由が丘には年収1000万円以上のエリート社員が暮らしているのですね。横浜市の港北区を見ると、青やオレンジが多い。港北ニュータウンに住んでいるのは一般的な世帯年収の若いファミリーだということがわかります。

　では、学習塾のチラシを配布する場合、どちらのエリアを選ぶべきでしょうか？

　小学生のお母さんが多くいて、より反応が出そうな港北ニュータウンですね。

　こうしたエリア分析はどこの広告代理店でもやっていますし、折込みチラシを撒こうと真剣に考えているなら、このくらいのエリア分析はすでにご自身でやっていらっしゃる方も多いかと思います。

　適するエリアは商品・サービスによって異なりますが、たとえば来店圏内が半径3kmの店舗なら、約4〜5万部ほど（主要首都圏）が本番チラシになりますから、テストチラシは5000部から1万部がよいかと思います。

　店舗の場合はお店から近いエリアから撒いていくのが望ましいのですが、明らかにターゲット層がいない地区は外して、より効果が出そうな配布の仕方を検討していきましょう。

エリア別人口属性

グループA	グループB	グループC	グループD
〜大都市エリート志向エリア〜	〜若手社員在住エリア〜	〜大学周辺エリア〜	〜下町エリア〜
グループE	グループF	グループG	グループH
〜地方都市エリア〜	〜高級住宅地エリア〜	〜勤労者世帯エリア〜	〜公団居住者エリア〜
グループI	グループJ	グループK	
〜工場町エリア〜	〜農村周辺地域エリア〜	〜過疎地域エリア〜	

STEP 5 ▶ 折込みエリア分析

既存顧客アンケート 〉クリエイティブ開発 〉見込み客アンケート 〉テストチラシ（ABスプリット）〉**折込みエリア分析** 〉チラシ折込み 〉結果検証

注目のスゴい折込み手法とは？

☑ 効率のよいエリアを知る
☑ 効率の悪いエリアは外す
☑ お客様のいる地域を数字で捉える

さて、お客様のいそうなところは見えてきたでしょうか？
実は、もっと効果を高める方法があるのです。

それが**クラスター分析**です。

クラスター分析という言葉を聞いたことがあるでしょうか。
実はまだあまり知られていないもので、私がセミナーで質問すると、ご存じの方が数名いらっしゃるかどうか……といった程度です。

クラスター分析は、何百万枚というチラシを全国的に配布するような通信販売の企業などがよく使う手法です。
ですが、この分析方法は、そこまで大規模ではない一般的な企業にとっても有効だと私は考えていて、実際、クラスター分析を採用する企業はどんどん増えています。
クラスター分析では、まず、今までにレスポンスのあった顧客の郵便番号を地図上に反映していきます。
すると、常に反応がいいエリアというものが見えてきます。

クラスター分析とは?

今までにレスポンスのあった**顧客の郵便番号**を預かり地図上に分布していきます。

たとえば、チラシを全国に撒いたとしても、静岡県がとりわけ反応がいいということがわかったり、あるいは東京都の中でも反応がいいエリア、悪いエリアが出てきます。

ここのエリアはなぜか全然反応がない、なんていうことが見えるのです。

クラスター分析で見えたエリアの傾向と、先ほど紹介したエリア分析を掛け合わせると、どの属性の人たちがこの商品に反応を示しているかが見えてきます。

ある年齢化粧品を例にとると、下町の高齢者や、新興住宅地の40代～50代ファミリー層が住んでいるエリアから反応が多くなっていました。

青森県でこういう属性の人たちから反応がいいのであれば、新潟県や四国でも、同じ属性を持った人たちが多く住むエリアに徹底的にチラシを折り込んでいく。

逆に、まったく反応がない属性、たとえば学生街や工場が多い地域で商品が買われていないならば、そういう人たちが多く住むエリアにチラシを撒くのは非効率ですから、配布エリアから排除するということになります。

こうしてエリア分析をすると、折込みの効率がとてもよくなります。

　その化粧品メーカーが沖縄でチラシを撒きたいとおっしゃったので、クラスター分析をしたところ、15万商圏（新聞購読者が15万人いて、15万部のチラシ折込みが可能なエリア）のところに、クラスター分析によるターゲットは7万件しかいませんでした。
　効率のいいところを選んでチラシを折り込む、悪いエリアはあえて除外する。それがクラスター分析による折込み手法です。

　クラスター分析が有効なのは、全国的な通販会社だけではありません。
　先日は、あるリフォーム会社でやらせていただきました。関東圏で大きく展開しているリフォーム会社です。
　クラスター分析をしたところ、今まではあまりターゲットではないように感じられていた30代〜40代の子育て世帯が住むエリアにもお客様が多いことがわかりました。
　それまでこの企業は、ある限定したエリアからしかお客様は来ないと思い込んでいたけれど、30代〜40代の子育て世代が多い別のエリアにも折り込んでみようということになりました。今まで撒いていなかったような地域に集中的に撒いてみたら、見事、反響がありました。

　自社のお客様になり得る人がいる地域というのは、統計学的にそれなりの傾向があります。しっかり数字で知るということが大切です。当然、効率が上がります。

♛STEP 5 ▶折込みエリア分析

折込み
エリア分析

クラスター分析で
自社のお客様が見えてくる！

☑ 商品の愛用者を具現化する
☑ 「ペルソナ」を広告戦略に役立てる

　クラスター分析をしていると気づくことがあります。
　それは、あらためて自社のお客様を知ることができる、ということです。

　どういうことでしょうか？
　たとえば、A-1というエリアからの反応がとても多かったので、このエリアについて調べていくと、次のようなことがわかりました。

- 50歳〜60代後半が世帯主である家が最も多く、持家比率が大変高い
- 同居比率が高い
- 年収は700万円以上の比較的お金にゆとりがあるエリア
- 車の所有率が高い
- 化粧品等、美容意識が高いエリア

　折込みエリアを決定する指標として捉えるだけでなく、上記のように自社商品を愛用してくださる傾向が強いエリアの属性を深堀していくと、何となくイメージ像が描けてきませんか？

5章　「7ステップ」でチラシを作ってみよう！【実施編】

このイメージ像を私たちはよく「ペルソナ」と言っています。ペルソナとは「外面的側面」という意味を持ちますが、**自社商品の愛用者を具現化しておくと、広告戦略に役立つことが多くあります。**

　たとえば149ページで挙げたエリアの場合、化粧品会社のペルソナは樋口可南子さんのような、品がよくて賢い良妻賢母、美容にもとても気を使っている……といった具合になります。

　そうなると、このイメージに近い方が読むような雑誌の特集を見るだけで、最近の彼女たちのトレンドをつかむことができるわけです。そうなれば、「それをうまく販売戦略に生かせないか？」という考えが生まれてきますよね。

　こうして、**クラスター分析は単なるエリア分析にとどまらず、自社の顧客属性分析にも役立つわけですから、デザインを作る前に分析データを取っておくことも大変有効**です。

- 50代〜60代後半
- 家族持ち
- 年収 700万〜
- 美容意識が高い

👑 STEP 6 ▶ チラシ折込み

チラシ折込み

新聞折込みチラシ、
実施前に知っておくとよい知恵

- ☑ 実施費用はどれくらい？
- ☑ 折込みが多い曜日は？
- ☑ チラシ量が多い業種は？

　テストチラシで傾向がわかってはいても、本番となればやはりドキドキするものでしょう。そこで、本番前に押さえておきたいポイントをいくつかお教えします。

Q1　印刷・折込みには実際どれくらいの費用がかかる？
A1　Ｂ４チラシ　印刷代：約２円　折込み代：約３円〜
　　　Ｂ３チラシ　印刷代：約３円　折込み代：約４〜５円
　　折込み代は大きくなればなるほど高くなりますが、Ｂ４サイズとＡ４サイズだけは同じ（※）ということを覚えておいてください。
　※カラー印刷での目安。エリアによって異なる場合もあります。

Q2　一番折込みが多いのは何曜日でどの業種？
A2　例年、最も多い傾向にあるのが土曜日です。土日に来場させたい、お休みの日に見てもらいたいチラシが多数入ります。
　　次ページの「主要業種曜日別構成比」（J-NOA　日本新聞折込広告業協会提供）では、紳士服専門店、家電、携帯ショップ、自動車販売、マンション、建売は金曜と土曜で週の約９割を出稿しています。

| 折込広告出稿統計 | 全国 | 2014年度 年間 |

全国の主要業種 曜日別構成比(1世帯平均)

◆ 業種別の曜日構成比をみると、「塾・予備校」「化粧品」は週の前半に出稿が集中している。
◆ 「紳士服専門店」「家電」「携帯ショップ」「自動車販売店」「マンション」「建売」は、金曜日と土曜日で週の約9割の出稿が集中している。
◆ 全体的に主要業種の多くは、前年と同様な曜日構成比となっている。

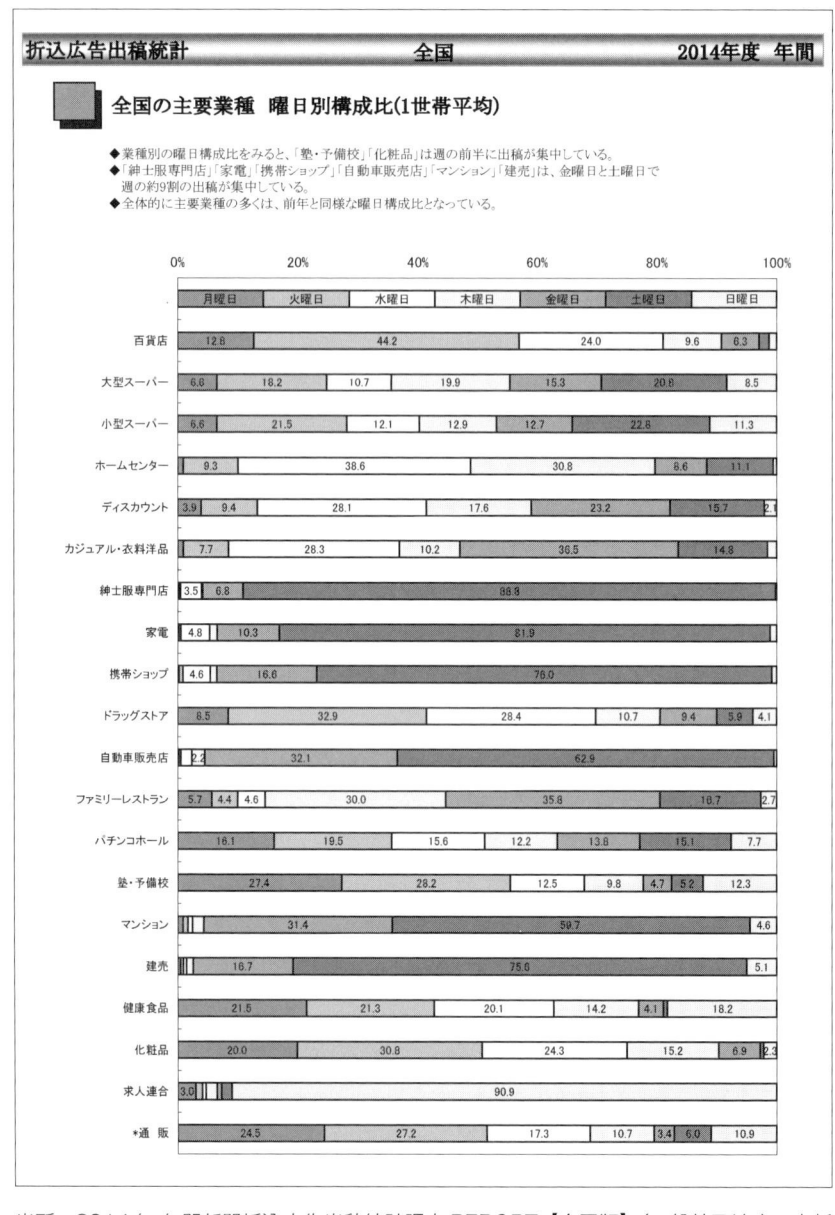

業種	月曜日	火曜日	水曜日	木曜日	金曜日	土曜日	日曜日
百貨店	12.8	44.2			24.0	9.6	6.3
大型スーパー	6.8	18.2	10.7	19.9	15.3	20.8	8.5
小型スーパー	6.6	21.5	12.1	12.9	12.7	22.8	11.3
ホームセンター	9.3	38.6			30.8	8.6	11.1
ディスカウント	3.9	9.4	28.1	17.6	23.2	15.7	2.1
カジュアル・衣料洋品	7.7	28.3	10.2		36.5	14.8	
紳士服専門店	3.5	6.8			88.8		
家電	4.8	10.3			81.9		
携帯ショップ	4.6	16.8			76.0		
ドラッグストア	8.5	32.9	28.4	10.7	9.4	5.9	4.1
自動車販売店	2.2	32.1			62.9		
ファミリーレストラン	5.7	4.4	4.6	30.0	35.8	16.7	2.7
パチンコホール	16.1	19.5	15.6	12.2	13.8	15.1	7.7
塾・予備校	27.4	28.2		12.5	9.8	4.7 5.2	12.3
マンション		31.4			59.7		4.6
建売		16.7			75.0		5.1
健康食品	21.5	21.3	20.1	14.2	4.1	18.2	
化粧品	20.0	30.8		24.3	15.2	6.9	2.3
求人連合	3.0			90.9			
＊通販	24.5	27.2	17.3	10.7	3.4	6.0	10.9

出所：2014年 年間新聞折込広告出稿統計調査 REPORT【全国版】（一般社団法人日本新聞折込広告業発行協会）

👑 STEP 6 ▶ チラシ折込み

チラシ折込み

本番チラシについて知りたいことあれこれ

☑ チラシの全国規模とは？
☑ 1年で一番チラシが多い時期は？
☑ チラシを撒かないほうがいい時期は？

本番チラシとは、ミニマムで実施してきたテスト折込みに対して、いよいよ本格的に大規模展開することを言います。

全国規模とはどれくらいのことか？

「本格的に大規模展開」とひと口に言っても、そもそもどのくらいの規模なのか、ご存じでしょうか？

まず、日本全国で新聞折込みを実施すると、約4000万部の折込み量になります。通信販売のチラシだと、客単価にもよりますが、テストで大体1000枚に1件レスポンスが取れれば全国に撒く、という判断になります。

1000枚に1件ということは、10万部で100件、100万部で1000件、1000万部で1万件ですから、ざっと4万件のレスポンスを見込んでいる計算になります。

その際、1部あたりの印刷・折込みの実施費用はB4サイズで約5円なので、全国展開するとざっと2億円の広告費になります。

ただし、化粧品や健康食品の通信販売だと、基本的にリピートする商品なので、約3割の方が数回リピートしてくれれば元値は取れる計算になります。
　いかに効率よくリピートしてくださるお客様が重要か、がわかりますね。
　このくらいの規模になると、STEP 5で解説したクラスター分析も必須になってきます。

> 日本全国4000万部
> B4チラシで
> 約2億円の広告費！

　ちなみに4000万部という部数を印刷機で刷ると、どのくらい時間がかかるのかというと……
　B4チラシなら1時間で約10万部印刷できます。
　したがって、4000万部となると……400時間以上かかります。

　1台で約17日間も輪転機を休まず回す計算になりますね。本当にすごい量です。
　ここまでの量になると、さすがに一度に1社で印刷するのが難しく、大手量販店の一斉セールになると、各エリアの印刷会社が協力体制をとって一気に印刷・折込みを実施することが珍しくありません。

1年で一番、本番チラシが多い時期とは？

　例年12月はお正月の折込みチラシでどの印刷会社も仕事がいっぱいになってしまいます。

　なんといっても年末が印刷会社の繁忙期と言えるでしょう。

　大手家電メーカーや量販店、不動産は正月休みにかなりの集客を見込みますし、年明けでおめでたいですから財布の紐も緩みがちです。

　また、スポーツクラブや習い事関係、通信教育などは1月が一番レスポンスの取れる時期と言われています。

　おそらく「今年こそ」と新たなことにチャレンジする方が多いからだと思います。

　したがって、暮れの12月から1月がもっとも本番チラシが多く、次に3月〜4月の年度替わりの時期となります。3月〜4月にかけては塾や引っ越し、廃品回収のチラシが最も多くなります。

本番チラシ実施がNGな時期は？

　本番チラシを避けるべきなのは、社会的影響の強い大きな災害、事故、事件があったとき、また、選挙の時期です。

　悪いことが起こったときは、一般的に消費マインドは落ちます。さらに、高齢者をターゲットにしている商品で選挙と重なると、レスポンスがかなり下がります。

　そして、生活必需品でない通信販売の商品の場合、12月が重なると圧倒的な悪さでレスポンスが下がる傾向にあります。

　やはり高齢の方は意識が選挙に向くことが多いのでしょう。

　12月に選挙のあった2014年には、いつもは30件〜50件以上あるチラシの反響が10件以下だった……という事例が相次いで起こりました。

STEP 6 ▶ チラシ折込み

新聞折込みチラシと その他の有効な手段

- ☑ 新聞が入らないエリアはポスティング
- ☑ 地域誌は反応がよい
- ☑ 同梱・同送は割高だが反応がよい

　いよいよ本番チラシです。

　まずはクラスター分析によって得られた、「ターゲットがより多いエリア」をしっかりと把握し折込みエリアを決定します。

　そして商品やサービスの属性を考慮し折り込み日を決めます。

　折込みチラシは一気に何十万部も撒けますが、企画内容によっては月に数回に分けて実施するのもいいでしょう。

　本番チラシと言うと、主に新聞の折込みチラシが多いですが、それ以外にもさまざまな手法や媒体がありますので、それをご紹介していきます。

　アンケート調査・テスト実施を経て反響が見込めることがわかったチラシを本格的に撒く場合、新聞折込み以外の手段や媒体を検討していくことも販促全体の効率アップにつながります。

新聞折込み以外の方法

ポスティング	【特徴】 ・地域を限定して希望の箇所に配布できる ・新聞購読率が低い（折込みチラシが入らない）20代、30代の世帯が多い地域に有効 ・自社スタッフが配る／ポスティング会社に委託、2つの方法がある 　新聞折込みとポスティング委託費の例（いずれも東京都内） 　折込み単価：3.3円（定価） 　ポスティング単価：2円〜4円 　※安い単価は併配（他チラシと一緒に配る）のケースあり 　　以前は折込み価格より割高だったのが、最近では折込み単価に近い価格になってきて利用しやすくなっている。 【注意点】 マンション等は投函禁止されているところが多い
地域新聞、コミュニティ誌	【特徴】 ・一定の地域で配布されている地域新聞やコミュニティ誌への挟み込み ・地域性が強く、愛読者が多いコミュニティ誌は、新聞折込みより格段によい反響が取れる 【注意点】 ・ターゲットエリアにどのような媒体があるのか、インターネットなどで確認し、ターゲット特性に合わせて利用する
直接配布 （手配り）	【特徴】 ・街頭や駅前でチラシを配布する ・ビジネスマンやOL向け商品は駅前、学生向け商品は学校近辺など、ターゲットが多い場所で実施すると反響率が高い 【注意点】 ・手に取ってもらうための工夫が必要 ・ターゲットごとの適した時間帯を考慮する ・配布禁止エリアに注意する
同封・同梱	【特徴】 ・通販会社のカタログにチラシを挟み込む（同封チラシ）、商品を送る段ボールにチラシを入れる（同梱チラシ） ・購読者の属性がわかった上でチラシを同封するため、新聞折込みより反響が取れる ・「ニッセン」「ディノス」などのカタログで生活雑貨を購入した人＝「通販カタログで物を買う人」という属性➡通販商品を挟み込めば購入確率は高くなる ・医者や看護婦が見る専門誌、スポーツ専門誌など、属性が絞られた媒体がたくさんある。自社の商品・サービスのターゲットとなる冊子を調べて実施を検討するとよい 【注意点】 ・新聞折込みより反響は高いが、単価は割高 　都内折込み単価：3.3円（定価）＜ 同封、同梱単価：5円〜20円

Column 5 ▶温度感の伝わるチラシは集客に効く
「嫌い！」と「好き！」は同じくらいのインパクト

　右の画像をどう思うでしょうか。嫌悪感に近いものを感じませんか？
　ところが、この画像を全面に出して「悩み一発解消‼」というようなチラシを作ると、ものすごい反響なのです。
　アンケート調査をすると、「最も購入したい」で1位、「最も購入したくない」でも1位。
　いったいどういうことなのでしょう。

　AKB48のメンバーだった前田敦子さんが「私のことは嫌いでも、AKB48は嫌いにならないでください！」と言ったことがありました。
　私は最初、どういう意味だかわからなかったのですが、彼女はものすごく人気があったのと同じくらい「嫌われている」ということも自覚していたのですね。
　要は「**とても注目されている**」ということなのです。

　前述したように、商品は世に溢れ、情報は市場に蔓延しています。その中で「まず見つけ出してもらう」ことが本当に大変な世の中になりました。
　皆がドン引きするようなものは「注目度が高い」ということで、嫌いでも好きでも、知られているということがまずは重要。
　折込みチラシの場合、1000枚撒いたうち1枚反響があればアタリですから、999枚は見られていないのです。
　まずは「見てもらう」ための個性やインパクトは欠かせません。
　「最も購入したい」で1位、「最も購入したくない」でも1位だった場合、私は迷わずその案を最有力案として採用します。
　その結果、高いレスポンスを取った事例は多々あります。

Before　　　　　　　　　After

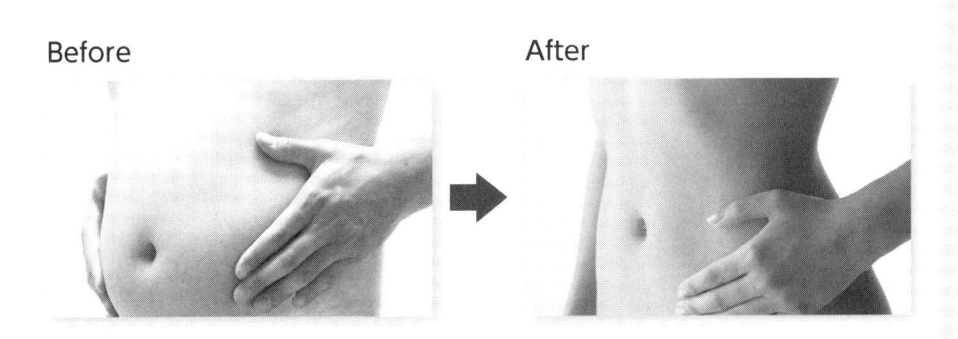

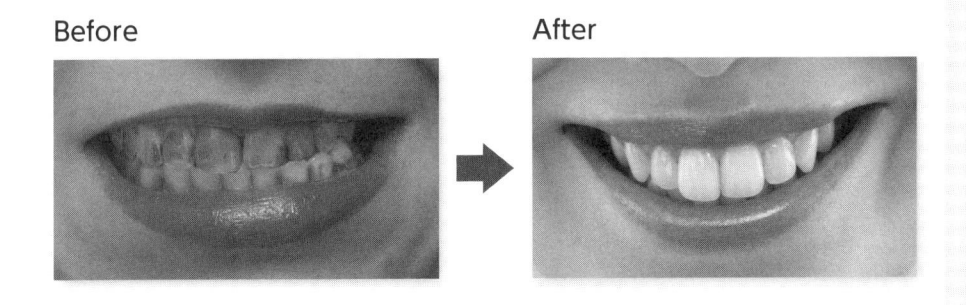

Before　　　　　　　　　After

6章

実はココが一番大事！
結果検証

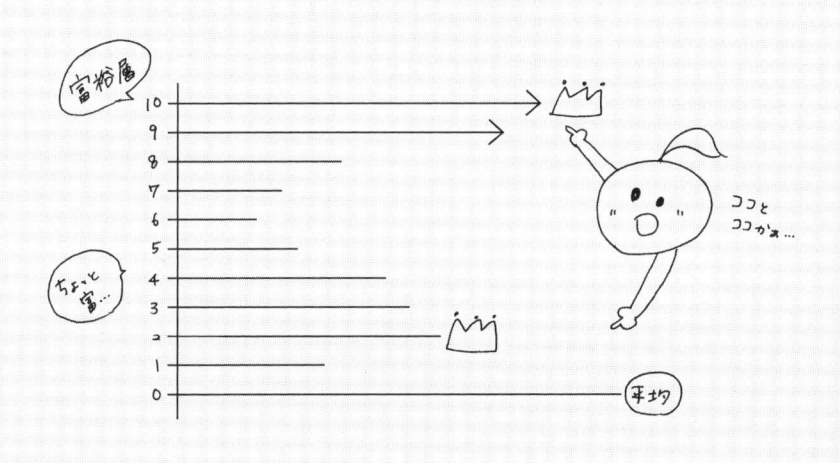

STEP 7 ▶ 結果検証

既存顧客アンケート / クリエイティブ開発 / 見込み客アンケート / テストチラシ（ABスプリット）/ 折込みエリア分析 / チラシ折込み / **結果検証**

次への知見を
しっかりためること

- ☑ 折込まれたセットを取り寄せて確認する
- ☑ 反応した人の属性をチェックする
- ☑ 結果を検証して知見として蓄積する

　いいチラシができあがり、チラシの配布エリアが決まったら、いよいよ本番。結果が楽しみですね。

　第7ステップは、本番のチラシを折り込んだ後の結果検証です。

　ある通販メーカーのチラシは、7ステップ実施前のレスポンスが、チラシ10万枚につき30件程度でした。

　ところが、7ステップの手順を踏んだことにより、本番チラシでは約90件まで上げることができたのです。

　レスポンス率で言うと、0.03％から0.09％に上がったのです！

　4つのチラシ案からまず2案に絞り、さらにスプリットテストで1位になったチラシを折り込むことで0.09％の反響を得た、という具合です。

　そこで終わるのではなく、結果の検証をしてみるべきです。

　通販チラシ（たとえば「お試し1200円」の商品として）でレスポンス率を0.1％──つまり10万枚で100件のレスポンスを得るのはとても難しいことです。その中で、レスポンスが0.09％、10万枚で90件の反響があるなら、あと少しがんばれば0.1％に手が届きますよね。

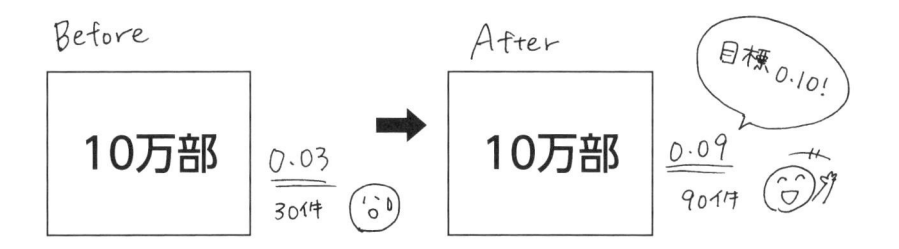

Before　10万部　0.03　30件　😐

After　10万部　0.09　90件　目標 0.10！😄

本番チラシ折込み後に検証したいこと

　同じ日に同業他社のチラシが入っていなかったか？
　同業のチラシではなくても、ターゲット層が同じ商品のチラシが入ってなかったか？
　当日折り込まれたチラシのセットを、折り込み会社から取り寄せてチェックします。
　折り込む時期も検討したいところ。
　年金の支給時期がいいのか？
　月曜日よりも金曜日がいいのか？
　他にもいろいろな条件を考えます。

　また他の通販チラシで、おもしろいデータが出ました。
　日本全国の平均所得を1という数字で表わしたとします。10だとそれなりの富裕層です。そのチラシは、平均所得よりもちょっと高い2～3で大きな反応があって、5あたりでは反応が薄く、また9～10という富裕層に近い方々からはとても反応があったのです。
　本番チラシを折り込んだ後、折り込み会社の調査協力による結果検証で明らかになったことでした。

　平均所得よりも少しだけお金に余裕のある人、または富裕層、このどち

6章　実はココが一番大事！ 結果検証　163

らかでレスポンスが大きく、その中間は反応しない。

その時配布したチラシでは価格が安めに設定されていました。通販で商品を買うということで、平均所得よりも少しだけお金を持っている人が反応したのかもしれません。

その後、この商品は「コストが魅力な一般層向け」と、「価値をたっぷり伝えて価格がお高めの富裕層向け」の2ブランドに分けて、それぞれチラシの作成をすることになりました。結果、富裕層向けはそのような方々を対象にした専門カタログの同送広告で成功し、客単価に対して過去最高のレスポンスを取ることができました。

このように、結果を検証して知見として蓄積していくことはとても大切です。1回やるごとに、今回は当たったね、とか、反応がなかったね、で終わらせてはいけないのです。

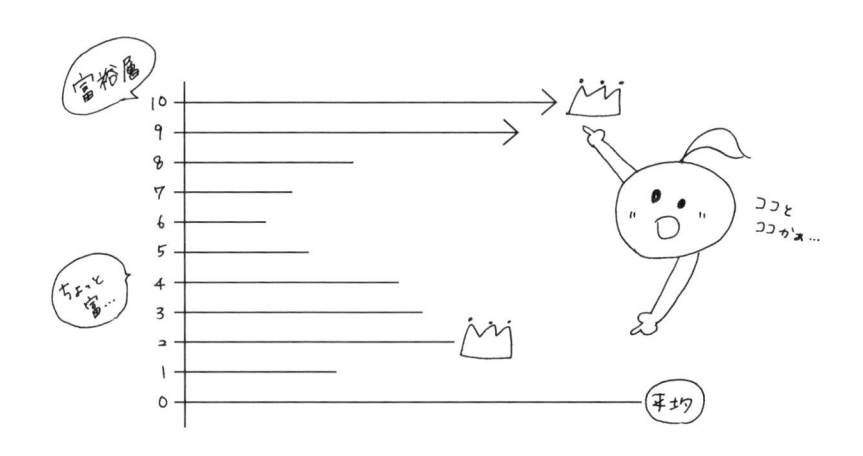

STEP 7 ▶ 結果検証

結果検証

CPA、CPO 結果を判断する 集客指数でしっかり検証

☑ 感覚値ではなく数値で結果を捉える
☑ 「反応がよければいい」のではない

CPA、CPO という言葉を聞いたことがあるでしょうか？

「たくさん集客できたから、今回のチラシはアタリじゃない？」という**曖昧な感覚値ではなく、しっかりとした数値で結果を判断するための分析指標**です。

- **CPA（CPR）** ……Cost Per Action（Response）
  ＝顧客1人が反応するのにかかった費用
- **CPO** ……Cost Per Order
  ＝顧客1人を獲得するのにかかった費用

例：英会話スクールの無料体験レッスンで来館した人数が 20 名。
それにかかった折込みチラシの費用が 25 万円。
体験者のうち 8 名がスクール生になりました。

25 万円 ÷ 20 名 ＝ 1万2500円　CPA：1万2500円
25 万円 ÷ 8 名 ＝ 3万1250円　CPO：3万1250円

6章　実はココが一番大事！結果検証

このように、**実施したチラシの費用対効果がどうであったか**を明確な数値で押さえておくことはとても重要です。

たとえば、事前に「CPOは3万円に抑えたい」という目標を設定していたなら、この結果はまずまずということになります。

10名しか体験に参加せずCPAが2万5000円だったとしても、そこから8名入会すれば結果は同じということになりますね。

CPA、CPOをどう判断するか？

また、同じチラシを同じエリアに同部数撒いたとしても、時期によって得られる数値が異なる場合があります。

3月に撒いた時はCPOが3万1250円だったけど、6月には4万円以上になってしまった……。

これは、「進学前の3月はまあまあの数字だけど、6月になると効率が悪くなる」ということを意味しますから、「次回からこの時期は見合わせよう」という判断になります。

「受講料無料」にすると、当然CPAは上がります。ですがこの場合、CPOは低くなる傾向にあります。お金を払って受講する人のほうがそのサービスや商品に対する関心度が高いので、受注確度も高いのです。

したがって、集客した後の営業フォローがしっかりと確立されているのであれば、訴求内容を強くして（無料や、プレゼント訴求など）集客し、その後の引き上げに注力するという対策が考えられます。

```
例：英会話スクールの折込みチラシ。体験レッスンを「受講料無料」
で実施。かかったチラシの費用が20万円

20万円 ÷ 50名（参加者）＝ 約4000円   CPA 4000円

20万円 ÷ 21名（入会者）＝ 約9500円   引き上げ率42%
                          ↑
                    CPO 1万円をクリア！
```

反対に、「本当に関心のある人にだけ来てもらいたい」のであれば、CPAは高いけど引き上げも比較的スムーズなので、結果的にCPOは目標値に届きます。

```
例：英会話スクールの折込みチラシ。体験レッスンを「5000円」で
実施。かかったチラシの費用が20万円

20万円 ÷ 25名（参加者）＝ 約8000円   CPA 8000円

20万円 ÷ 22名（入会者）＝ 約9090円   引き上げ率88%
                          ↑
                    CPO 1万円をクリア！
```

STEP 7 ▶ 結果検証

既存顧客アンケート / クリエイティブ開発 / 見込み客アンケート / テストチラシ(ABスプリット) / 折込みエリア分析 / チラシ折込み / **結果検証**

負けた時ほど「大事な時」

☑ ほとんどのチラシは根拠なく実施されている
☑ 「知る」は「売る」より先にやる

たまに、このように聞かれることがあります。
「7ステップで失敗することはありますか？」

そこで私は、ためらうことなくこのように答えます。
「はい。立てた目標値に届かないことがあります」

お客様が私にお仕事を依頼されるケースのほとんどは、レスポンスで悩んでいる時ですから、こんな回答ではがっかりしてしまうかもしれません。ただ、チラシで大きな成果をあげることは、競争が激しい今の市況状況において、実はかなり大変なことです。

うまくいっていない場合、そもそも、その商品やサービスに対するニーズが薄いか、「よさ」を伝えるのにチラシでは難しいということが往々にしてあります。しかしながら、何がいけなかったのかがわからないまま、当たるチラシを探し続けることが多々あるのです。

7ステップでは、**商品・サービスのターゲットを明確にし、どう言えばハートに響くのかをあぶり出し、考え抜いて作ったチラシを未来のターゲ**

ットに評価してもらい、小さくテスト実施してから大きく展開します。

　まるでいちいち石橋を叩いて渡るようなもので、そんな面倒くさい作業をやっていられない、というのが多くの方の本音でしょう。

　でも、**自社の商品やサービスがどのように評価され、支持されるのか？ それを「知る」ことは、「売る」ことよりも先にやるべき、大事なこと**なのではないでしょうか。

チラシが負けた時にやるべきこと

　負けた時にどう考えるか？　これが最も重要なことで、私は次のことを行なっています。

---

①候補に上がったデザインはこれで本当によかったのか？
　競合チラシと一緒に「検証アンケート」にかける。
➡（化粧品なら）ターゲット、価格帯、訴求内容（ハリや潤い）が同じような競合チラシを選びアンケート調査にかけ、その評価を検証します。

②折込みチラシ自体の効果を再検討する
　テストで獲得できた顧客属性に合わせて媒体を変えて再度テストを実施する。
➡比較的若い人が獲得できたなら、折込みをポスティングに変える
➡高齢層が取れたのであれば、チラシではなく新聞掲載に変更する

③フロント商品の変更を検討する
➡「生パスタ」が売りだったが、「サラダ」をメイン商品に変更する
➡「美容液」が売りだったが、「保湿マスク」に変更する

　もちろん、うまくいくことが一番なのですが、**負けた時ほど次への可能性を見出す「大事な時」**です。

Column 6 ▶カタチで差をつけろ
真四角チラシ：かわいい！　目立つ！
長3チラシ：長っ！　開いて驚く

　ある日、女性スタッフがかわいい手のひらサイズのパンフレットを持ってきました。真四角で15㎝角くらい。パタパタと開いていくと真四角が4面ついた横長のパンフレットになりました。
　何人もの女性が「形状がかわいい！」というのでふと思いました。
　なんで折込みチラシには真四角がないんだろう……？

　まぁ、A4やB4のスペースがあるものをわざわざ下何センチかを切ってしまうなんてもったいないし、情報量がそれだけ減ってしまう、と考えますよね。
　では、真四角のチラシとB4のチラシを勝負させたら、どちらが勝つと思いますか？
　答えは、真四角なんです。
　折込みチラシのほとんどが長方形なので、真四角はかえって目立つということなのでしょう。同じ日に同じデザイン、同じエリアに撒いて右のチラシは真四角が勝ちました。

　そこで、子供のスクールチラシに真四角でチャレンジすると……やはり大盛況‼　30代から40代のお母さん世代に大変ウケました。
　まずはカタチが珍しいのでパッと目に留まる、そして何より子供の広告らしく「可愛い」のです。
　小さい＝子供　のシンクロ性がよかったのでしょう。
　このように「カタチ」もレスポンスに影響する重要な武器となります。
　ちなみにA4の短辺真四角はA4の折込み料金、B4の短辺真四角はB4の折込み料金になります。

いろいろな変形チラシ

真四角チラシ

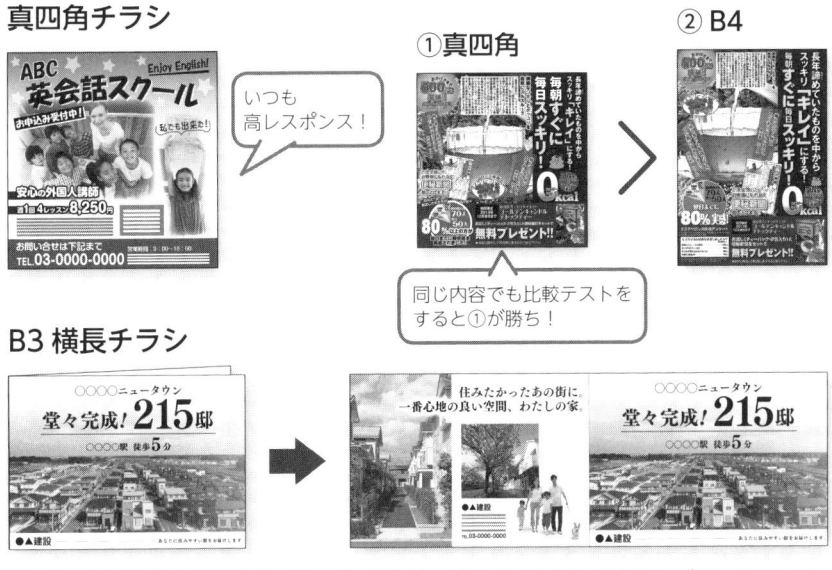

いつも高レスポンス！

① 真四角

② B4

同じ内容でも比較テストをすると①が勝ち！

B3 横長チラシ

開くと横にながーいチラシ。不動産会社の広告や、眺望や景色などのスケールの大きさ、新規オープンする施設の広さを表わす広告に利用される。不動産チラシの場合、通常のB3チラシに比べて1.2倍くらいのレスポンスがあった。

ズラし折チラシ

「今だけのビッグチャンス！」
「今すぐ開けなきゃ損!!」
「今までにない新たな品揃え！」

ズラした部分に目次的なコピーを入れると、チラシなのにカタログのように見えて保存率が上がる。

これらの変形チラシの場合、折込み料金が上がる場合や、そもそも折込みがNGなエリアもあるため、折込み屋さんに確認してから制作に入ること。

7章

7ステップ活用術と本当に大事にしたいこと

チラシとは
反響アップ
反響がわかる7ステップ
作ってみよう【準備編】
作ってみよう【実施編】
結果検証

Number 01

7ステップの
気になる予算のはなし

☑ 規模に準じた予算立てをする
☑ 自社作業の割合で費用を調整する
☑ デザインにはできるだけお金をかける

7ステップを実施する場合、大体どのくらいの予算を見込んでおけばいいのか、大変気になるところかと思います。

予算はもちろん、本番でどのくらい撒くか、規模によって異なります。
ここでは、大部数の場合と少部数の場合、2パターンについて解説していきます。

大部数の場合(数百万部規模の実施)

部数が多い場合、どこまで内製化(自社でできる作業)できるかによって予算が大きく左右されます。

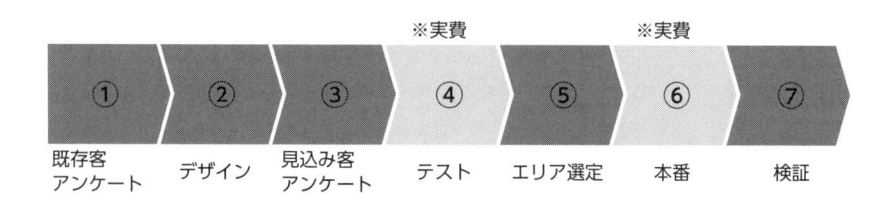

①	②	③	④ ※実費	⑤	⑥ ※実費	⑦
既存客アンケート	デザイン	見込み客アンケート	テスト	エリア選定	本番	検証

1 「すべての調査・デザイン制作」を外注した場合

①＋②＋③＋⑤＋⑦＝約 150 万〜 200 万円
※④、⑥の印刷・折込みは別途

　一瞬、「え!?　こんなにかかるの？」と思ってしまうかもしれませんね。

　たとえば、7ステップを実施せずに100万部〜500万部の大ロットチラシを計画した場合、まずはA、B、C、Dの4種類のチラシをテストで20万部ほど撒いて、一番結果のよいデザインを実施していく……という手法を取ります。

印刷・折込み代：約5円×20万部（5万部×4種）＝ 100万円
デザイン代：表面4種・裏面1種 ＝ 60万円〜 100万円
　　　　　　　　↓
テスト実施費用　　　160万円〜 200万円

　この費用、7ステップをすべて外注した場合と同じくらいの費用感になりますね。

　この場合、事前に見込み客調査をしている訳ではなく、あくまでも一か八かの実施なので、1回でよい結果が見込めず、ここから何度もテストを繰り返すケースが非常に多いのです。

　であれば、初回テスト分の費用を7ステップに当てると考えれば150万〜 200万円という金額は問題ない費用感になります。

　大部数を実施する通販会社などは、7ステップで当たりデザインにたどり着くまでに何回もテストを繰り返し、500万円以上投資することも多々あります。

7章　7ステップ活用術と本当に大事にしたいこと　175

```
7ステップやらない                    7ステップ実施

テスト > テスト > テスト  アタリ  >  テスト  アタリ

160万 + 100万 +100万 = 360万円    150万+100万 = 250万円
※デザイン（60万円）印刷折込みとして   ※7ステップ＋印刷折込み
```

2 「デザイン制作のみ」を外注した場合

②＝約50万円〜120万円

　これはあくまでも一般的な費用感ですが、ある程度実績のあるデザイン会社であれば、このくらいが相場だと思います。

　見込み客アンケート用に、最高8案のデザインパターンを制作し、その後2種〜4種の実施用デザインの作り込みをしますので、作業量としては多くなります。

　費用に幅があるのは、サムネイルを何パターン作るか？　テスト実施用を何パターンつくり込むか？　に応じて変わるからです。

　作業量が多く、一見大変な作業だなぁと感じられるかもしれませんが、7ステップを一緒に実施していくと、デザイナー、コピーライター、ディレクターそれぞれに市況状況が知識としてたまるため、クリエイターとしての実力がつくと、実は大変好評なのです。

3 「調査」だけを外注

①+③+⑤＝50万円〜150万円

　ここでいう調査とは「既存客アンケート」「見込み客アンケート」「クラスター分析」のことです。

既存客アンケート

　自社で実施し、インタビューや、集計、分析を広告代理店や調査会社に依頼するとしたら、その費用が10万〜50万円。

見込み客アンケート

　調査会社に依頼して30万〜100万円。

クラスター分析

　5万〜15万円。交渉次第で折込み屋さんがサービスで実施してくる場合もあり。

　もちろん、内容や請負企業によって大きく変動しますので、あくまでも目安として捉えてください。
　以上が印刷・折込み以外にかかるおおまかな費用です。
　あくまでも専門企業に依頼した場合の予算ですから、それぞれを抑えようと思えばいかようにも工夫は可能です。

小部数の場合（50万部以下の実施）

　5万部実施なのか、50万部実施なのかによっても異なりますが、仮に50万部の場合、印刷・折込み費用が1枚あたり5円で計250万円かかるわけですから、これに準じた予算で計画を立てることをお勧めします。

①	②	③	④	⑤	⑥	⑦
既存客アンケート	デザイン	見込み客アンケート	テスト	エリア選定	本番	検証

※④、⑥は実費

　この場合、②のデザインを30万円〜50万円くらいで外注し、他はなるべく自社対応を検討しましょう。

　⑤のエリア選定は、あまり大規模でなければ折込み屋さんがサービスでしてくれます。精度を高めるために、③を30万くらいの予算で調査会社に依頼するのもいいでしょう。

　この予算感ですと60万ほどで実施可能となります（印刷・折込み代は別途）。

　なお5万部〜10万部の実施の場合については、デザインを10万円以下に、それ以外のステップは0円に抑えます。アンケート調査は自社でまかないましょう。

Number 02

5万円でもできる！
コストを安く抑える
コツとは？

☑ アンケートはパワポで十分！
☑ 「イメージワード→画像検索」を徹底活用
☑ 傾向をつかむまでは安く

　7ステップは調査やデザインパターンを多く作るという性質上、どうしても費用はそれなりにかかってしまいます。
　でも、やり方によっては費用をうんと安く抑える方法があるんです！

　ここでは、印刷代・折込代を含んでもテスト実施まで**5万円**という、何とも刺激的なケースをご紹介します。
　1000部程度の小規模テスト案件の場合には、これを参考にコストダウンの方法を探ってみてください。
　5万円というと、社内ではどうしてもできない最低限のことだけを外注する、といったイメージです。

STEP 1　既存顧客アンケート　➡　約2000円

　既存のお客様が来店された時、もしくはFAX、メールなどでアンケート調査をします。費用は通信費・用紙代くらいなので、経費はさほどかかりません。

STEP 2　デザインを作る　➡　0円

社内スタッフが作成。エクセルかパワーポイントで簡単なコピーと画像の組合せで作ります。

方向性の違うコピーを5〜6種作り、それに合う画像をあてはめます。グーグルで画像検索すると、さまざまなたくさん出てきます。

例：検索窓に「笑顔の子供達」と入力し、「画像」をクリック
　　検索窓に「ゴルフ上達」と入力し、「画像」をクリック

アンケートで傾向をつかむ場合、イラストレーターやフォトショップなど、プロのデザイナーが使用するソフトでなくても十分です。

STEP 3　見込み客アンケート　　➡　0円

折込みチラシでモノを買う人・商品ターゲットとなる人。10人以上に聞く。お友達や家族、親戚　近所の人、あらゆる手段を使う。

STEP 4　テストチラシ　　　　　➡　3万円〜4万5000円

アンケートで評価の高かったデザインを本格的に作り込み。

意外に経費がかかってしまうとしたら、ココです。デザイナーに頼むとしたら、A4両面で安くても3〜4万円はするかと思います。でもここは大事な部分ですから、経費のウエイトはここに置きます。

ただ、今のオフィスソフトは大変優れていますから、エクセルやパワーポイントでもデザインは十分可能だと思います。実際には塾のチラシで先生の手書きチラシが大当たりしました。また、リフォーム会社でも手作りチラシが当たった事例が多々あります。**温もりや誠実さ**が伝われば、手作りチラシでも反響を取ることは十分可能なのです。

外注が不可欠なのが印刷です。仮に社内で行なったとしても、経費はかかります。

たとえば近隣に1000部撒くなら、

折込み代：約3.3円×1000部＝3300円
印刷代：ネット印刷最安値コースで1000部＝4000〜5000円（A4両面

カラー)

　折込み代は都内の定価で3.3円ほどですから、4円も出せば、大方のエリアで撒くことができます。
　印刷は今流行の、ネット印刷格安コースでの金額です。ネット印刷はインターネットで「格安印刷」「激安チラシ印刷」という検索ワードでたくさん出てきます。

　もしスタッフ自身で手撒きしたなら、折込み料金はかかりません。
　STEP1～4までの合計金額は**約5万円**です。
　したがって、1000部のテストなら5万円で実施が可能です。

　このテストで傾向がつかめたら、本番ではデザインのクオリティを上げて何万部かのチラシを撒いていけばOKです。
　「勝ち」が見込めていますから、無駄な出費とはなりません。

　ある飲食店では、顧客アンケートで得られた声をもとにデザインを作ってチラシを実施。A4サイズ5000枚を近隣に撒けば、週末には必ず店に行列ができると聞きました。

　よい訴求方法・よい広告が仕上がれば、最低限の広告費であっても、採算を取ることはいくらでもできるのです。

Number 03

初心者版・簡単!!
誰でもいつでも7ステップ

- ☑ ミーティングで「売り」を探る
- ☑ それを基にデザインを数パターン作る
- ☑ ターゲットに見てもらう
- ☑ OKのものを抽出する

もっと簡単にやってみよう！

7ステップをすべて実施した場合、2ヶ月くらいの時間が必要になります。ステップ1から取り組んでいただければ成果が出やすいのは間違いありませんが、「もっと簡単にできる方法はないの？」という声は、実は大変多くあります。

7ステップは時間も手間もかかるので、難点といえばそこでしょう。

そこで、この章では**もっと簡単にチラシを作る「ミニステップ」**をお教えいたします。と言っても、ポイントはここまでお伝えしてきたことと変わりません。

①あなたが売りたい商品やサービスの顧客満足がどこにあるか模索する
②それを数パターンのデザインにする
③デザイン案をターゲットと思われる方に見て評価してもらう
④高評価ならテストチラシを撒いていく

この流れさえきちんと押さえていれば大丈夫です。
ここでは、簡単な方法で作るパターンをご紹介します。

> 売るもの：オーガニックシャンプー
> ターゲット：痛んだ髪が気になる主婦

最大の売りは何？ → 何パターンか作る → ターゲットに見てもらう → OKなものを撒く

ミニSTEP 1　最大の売りは何か？　を探る

まずミーティングをしましょう。メンバーはデザインを作る人以外に、①商品を作った人、②商品を愛用している人（スタッフでもOK）、③実際に売っている人、④この商品をまったく知らない人、最低この4名はほしいところです。

商品開発者　　愛用者　　販売員　　未来のお客様

「①商品を作った人」の想いを広告に込めるのは、とても重要なことです。チラシはたかが1枚の紙かもしれませんが、想いがこもっているものは伝わる熱が違います。

なぜ、この商品を作ったのか？

「アレルギーが強くて市販のシャンプーがどれも合わず、困っていた母のために作ったシャンプー」であるなら、そこをきちんと伝えるべきですよね。開発者がいったい誰のためにつくり、誰の幸せを願ったのか？　共感は最大の売りにつながります。

そして「②商品を愛用している人」には必ず参加してもらいましょう。ミーティングの場で、よさを徹底的にアピールしてもらってください。以前はどうだったのが、使ったらどんな風によくなって、今はどういう気持ちでいるのか？　その想いのたけを熱く語ってもらいます。

次に「③実際に売っている人」はお客様に一番近いところにいる人です。商品をどんな風に勧めたときに一番買ってもらえているか？　どんな質問が多いですか？　お客様がこの商品に対して不安に思うことは何か？　そんな事を話し合ってみてください。

知りたいのはお客様の気持ちです。「インサイト」という言葉を私はよく使いますが、インサイトとは「深層心理」の意味で、このシャンプーの場合だと「オーガニックって優しいけど効きめが薄そうだわ。本当に髪の傷みが改善するのかしら？」といった、お客様のネガティブな心理を押さえておくことが重要なのです。

「この意見って結構多いよね」ということになれば、それを解決するコピーを大きく表現し

てあげればいいと思いませんか？

不安要素が先に解消されるので、チラシを手に取ってもらうチャンスはかなり増えます。

「オーガニックシャンプーなのに、髪の美容液みたい!? 感動の艶髪体験！」こんなコピーでも売れそうですね。

「④この商品をまったく知らない人」にも同席してもらいますが、この場合、ターゲットになり得る人でないといけません。髪が元々健康でまったく悩みがない人にいくら聞いても意味がないからです。

押さえておきたい点は「使ったことがあるのか、ないのか？」。オーガニックシャンプー経験者か未経験者かというところです。

経験者であれば乗換客、未経験者であれば新規客となり、この2者では出てくる表現も異なります。

経験者で今は使ってなければ、「それはなぜか？」を聞くのととてもよいヒントになります。

「髪がきしむから続かなかった」という理由なら、「使いはじめて1ヶ月した頃に生まれ変わる！」というコピーが顧客の不安心理を解消します。

このケースの場合、オーガニックシャンプーは髪を滑らかにする化学成分が入っていないため、最初は髪のきしみが気になりますが、使い続けるうちに髪本来の活力が戻り、1ヶ月後にはきしまずサラサラに生まれ変わるというものでした。

顧客の持つ不安要素の解決方法は、視点を変えるとたくさん出てきます。

ミニ STEP 2　デザインを数パターン作ってみる

お客様が「こう言われたら買いたくなる要素」をピックアップできたら、それをデザイナーがチラシに表現していきます。

そして、どんなによい訴求方法でターゲットの心を打っても「このチラシですぐ買いたくなる仕掛け」が必要です。そこで下のようなオファー（誘い文句）を入れることを検討してみましょう。
　商品が溢れている時代ですから、とにかく1回体験していただくためのオファーは、ある程度必要な要素となります。できる限りでいいので、魅力的なオファーを考えていきます。

訴求パターンの例

「開発者の想い」案	「体験者の喜びの声」案① あんなに悩んだ髪が!!	「体験者の喜びの声」案② 赤ちゃんでも使える!!
「不安要素解消」案① 髪の美容液？	「不安要素解消」案② 1ヶ月で生まれ変わる！	「ギャップ効果」案 無添加なのにこんなに サラサラ艶髪に！

オファー（誘い文句）の例

- 今だけ半額！
- 今だけおまけ付！
- 2個セットでお得！

ミニ STEP 3　ターゲットに見てもらう

　未来のターゲットに見てもらうステップは、必ず実行しましょう。
　このケースだと、スタッフの家族で対象になる方を集めただけでも何人か集まるはずです。あとはご近所の方や親戚の方、親しいお客様にも聞いてみます。最低でも10人には聞いてください。

●質問すること
①どのデザインが一番買いたくなりますか？
②それはなぜですか？
③買いたいと思わないデザインはどれですか？
④それはなぜですか？
⑤オファーはどれが魅力的ですか？

　ダメと言われたデザインは除外して、好評だったものだけを残します。なぜダメなのか、その理由はしっかり押さえておきましょう。

ミニ STEP 4　OK なものを撒く

　評判のよかったデザインをしっかり作り込みます。
　よいものがいくつか出たら、よかった要素を抽出して合体させるか裏面に取り入れていきましょう。
　たとえば、「1ヶ月で生まれ変わる！」が1位で「喜びの声」が2位なら、「喜びの声」の要素も表面に取り入れて、表一面の訴求を強化してみるといった作業です。
　こうしてでき上がったチラシをテストで撒いてみる、という流れです。

Number 04

「チラシはたくさん作ってきたけど今ひとつ……」な方必見！まずはコレから

- ☑ 「よい要素」と「悪い要素」を整理する
- ☑ なぜ負けてきたのかを知る
- ☑ 「勝ち要素」の精度を高めてアンケートをとる

今までのチラシの評価 → 何パターンか作る → ターゲットに見てもらう → OKなものを撒く

続いて、ミニステップの別パターンをご紹介します。

「今までたくさんチラシを撒いてきたけど、どうもうまくいかない」ケースにお勧めです。

まず、これまで作ったチラシをなるべくたくさん集めて、反響のよかったものと、悪かったものに分けます。

そして、それぞれに共通することは何かを分析してみましょう。

共通するよい要素は何か？

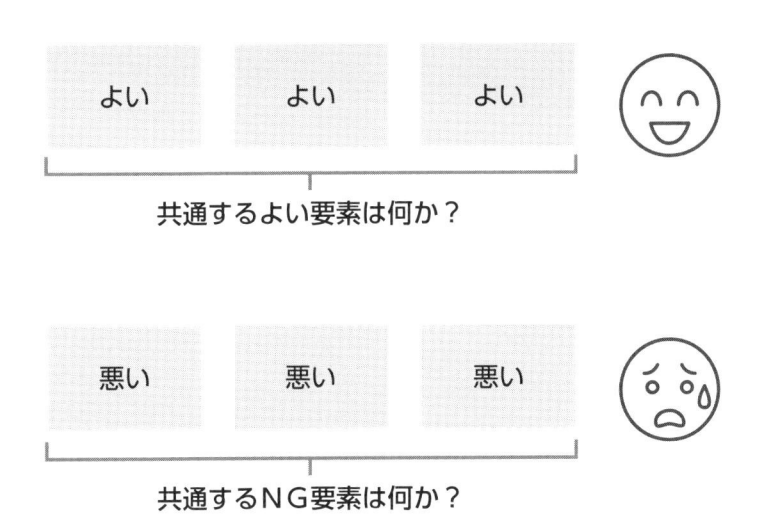

共通するNG要素は何か？

次に、この商品を知らない人（ターゲット層）に今までのチラシを見せて次のことを聞いていきます。

この場合、今までの反響の結果は絶対に教えないでください。人は結果に流されやすいので、本音とは違うことを言ってしまう可能性があります。

●質問すること
①どのデザインが一番買いたくなりますか？
②それはなぜですか？
③買いたいと思わないデザインはどれですか？
④それはなぜですか？
⑤どうすればもっと買いたくなると思いますか？
⑥オファーはどれが魅力的ですか？

このように、実施済のチラシをあらためて診断してみるのです。聞く人数はパターン1と同様に、10人以上が望ましいでしょう。

ここで大変重要なのは「今まで何で負けてきたのか？」を探ることです。

7章　7ステップ活用術と本当に大事にしたいこと

負けたのには理由があります。でもその理由がわかればあとは「どうすれば解決するか？」が自ずから見えてくるかと思います。

ここまでの作業は1人でやっても構いませんが、出た評価結果についてはなるべく多くの関係者でミーティングを行なってください。
なぜなら、今まで行なってきたチラシの評価結果には、今後の販売戦略のヒントとなり得る要素がたくさん秘められているからです。

勝ち要素のあぶり出し→誰かに評価してもらう

この2つの要素から、パターン1同様、「何パターンか作ってみる」、「テストで撒いてみる」と実施していきます。

このケースは今までチラシを実施してきた場合となりますが、容赦ないダメ出しに傷つきながらも、得られるものは非常に多く、失敗は成功の元！ という結果になることが多いのです。

3章の冒頭でご紹介した、7ステップの開発のきっかけを覚えているでしょうか。**大きな失敗を機に、「負けの要素」を「勝ち要素」に変換し、見事に成果を得た**のです。

Number 05

売れる広告にするために
7ステップのまとめ

☑「今までのチラシ評価」は割と重要
☑ ダメ出しで傷つきながらもパワーアップ

すでにお伝えしたように、私にチラシの制作依頼をされる方に、「これまでに何度もチラシを作ってきたけれど、失敗ばかり……」といったケースは多々あります。

失敗はつらいことですが、実は、そうしたトライ&エラーに、成功のヒントがたくさん隠されているのです。

7ステップは既存顧客アンケートからスタートしますが、**これからお客様になってくださる未来のお客様に、今までの失敗チラシを審判していただく**という作業はとても有効です。

既存顧客アンケートには2週間くらいの日程が必要なので、その間に同時進行でこの作業を行なうと、より強い訴求のチラシが作れるようになります。

この場合、ステップ3の見込み客アンケートをステップ1でもやることになりますから、2回実施するので手間はかかります。でもここで得られる魅力のほうが、遥かに大きいのです。

何度も負けているからにはその理由があるはず。何となくわかっていて

7章　7ステップ活用術と本当に大事にしたいこと

も、今までそのチラシで買ってくれなかった人にはその理由を聞きようもありません。

ですから私は、「なんで負けたのか？」が知りたくて、それを探ることからはじめませんか？　とお客様に伝えます。

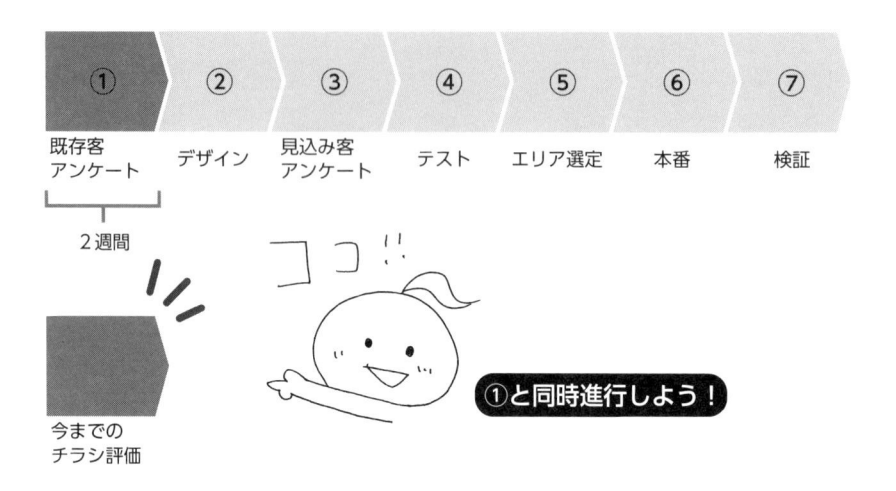

① 既存客アンケート ／ ② デザイン ／ ③ 見込み客アンケート ／ ④ テスト ／ ⑤ エリア選定 ／ ⑥ 本番 ／ ⑦ 検証

２週間

今までのチラシ評価

ココ!!
①と同時進行しよう！

赤字は文字じゃない

おもしろい例をご紹介します。

あるチラシで、「一番伝えたいこと」を大きな赤い文字で書いて、丸で囲って一番目立つところに配置したデザインにしていました。

そのチラシに対するアンケートを取ったところ、「一番伝えたいこと」にまったく気づかない方が続出したのです。

その理由は「文字は黒よ！　赤い字は見づらいから目に入らないの」というものでした。

一番伝えたいことが記号のようになってしまい、無意識のうちに「読む」という行動につながらなかったようです。

もちろん、すべての人がそうではないかもしれませんが、新聞を読むことに慣れている人、特に中高年以上の方に共通する特性かもしれません。

この例も60代の女性の評価でした。
　そこで、一番伝えたいことを縦書きで短く、大きく表現したらレスポンスが上がりました。

　ダメ出しは「じゃあ、どうすればよいか？」を教えてくれます。
　どうすればよいか？　がわかれば、そこから生み出した数パターンのサムネイルデザインはすでに「ダメ」の要素が薄いものばかりになります。

　7ステップの基本フローには、この内容を盛り込んではいません。
　チラシを作るシチュエーションはさまざまで、「新商品」もあれば、「人気商品だけどチラシ制作がはじめて」という場合もあるからです。

「チラシをいくら作っても当らなかった……もう諦めようか？」
　という時にこそ、この方法にチャレンジしてみてください。
「当たるデザイン」だけでなく、たくさんの新たな発見があるはずです。

Number 06

チラシ作りで本当に大事にしたいこと

☑ お客様の「喜び」はどこにあるのか？
☑ 「勝つ！」「売る！」にこだわりすぎない

　反響が多い広告は、お客様の視点に立って作成されています。
　そして、顧客心理は想像するものではなく、統計をとって傾向を知るものです。
　顧客心理は常に変化していますから、情報はできるだけ新鮮であることが欠かせません。一昨年当たったチラシ、昨年反響があったチラシはもう当たらないと思ってください。

　広告を投下する場所も重要です。現在、配布しているターゲットエリアは本当に的確でしょうか。これまでは一般的な所得のファミリー向けに折込みしていたチラシを、訴求を変えて富裕層に向け配布してみたらヒットするかもしれません。

　そして、レスポンスを高め続けるためにもっとも重要なのが、**勝っても負けても結果検証を欠かさないこと。**
　勝ったなら勝った理由は何なのか、負けたならなぜ負けたのか、理由を把握することが次につながるのです。

お客様はどこに喜びを感じるのか？

　勝った理由、負けた理由を検証すること以上に大切なことがあります。
　私自身がチラシ作り、レスポンスアップのコンサルティングをしてきたなかで、実感したことでもあります。
　本書を読んでくださっている方の中には、企業で広告を担当している方がいらっしゃるかと思います。
　そういう方々が、何をいちばん喜んでくださるのか？
　もちろん、「結果を出すこと」ではあるのですが、みなさん、広告を作る時にすごく悩んでいるんです。
　本業はリフォーム業だったり、スポーツクラブのインストラクターだったりするのに、やり方もよくわからないまま広告を作らなくてはならず、しかも周囲からは広告で結果を出せと言われている。どうしたらいいかわからなくて迷っています。だから、私たちに相談してくださるのだと。
　クライアントのみなさまは、寄り添って、一緒に考えて一緒に悩むことを喜んでくださっているのだということを知りました。

　いま本書を読んでくださっているあなたも、商品を売る時、「売れる」という自分の喜びよりも、お客様の喜びにフォーカスをして接客してみたらどうでしょうか。

「勝つ」「売る」にこだわりすぎてはいけない

　分野は違いますが、とても参考になる話をご紹介します。
　私が強い影響を受けた方に、中学生に野球を教えるクラブチームの監督さんがいらっしゃいます。横浜瀬谷ボーイズの杉山千春監督です。
　瀬谷ボーイズは日本で最も練習が厳しいと言われているクラブチームなのですが、杉山監督曰く「試合で勝ち上がることを目的としない」というのです。
　これには驚きました。だってそんなに厳しいのに、勝利を目的にしない

なんて理解ができません。
　理由はこうでした。
「全国大会に出たこともあるけれど、勝ち上がることを意識するとレギュラーばかりに集中的に練習させるメニューになる。また、中学生の時分はたくさん可能性を持っているから、ひとつのポジションだけではなく、いろいろな経験をさせたい。その子自身が伸びる『可能性』の芽を少しでも摘み取ってはいけない。
　スポーツなんだから勝利は絶対に必要なこと。でも、勝利を目的にするのではなく、勝ち方にこだわり、生き方を教え、そして最も重視すべきはその子の未来の姿」

　杉山監督のこうした信念が実を結び、20年間で約300名の選手を送り出し、今では最も優秀な選手を送り込んでくれるクラブチームとして、全国の有名高校からスカウトが後を絶たないチームになりました。

　もう1人、私がとても大事に想っている人の話をご紹介します。
　私の母は、長年にわたって婦人服の販売をしていましたけれども、「お客様に似合わないと思った服は決して売らない」と言っていました。それがどんなに高額な売上になるものだとしても、です。
　ではどうするのかというと、本当にその方に似合う服を選んで勧めるのです。赤い服を選ばれた方に、その服が似合わないと思えば、本当に似合うベージュの服を提案する。するとお客様は、最初は半信半疑でも、後日「あの服を着て出かけたらたくさんの人に褒められた！」と大喜びで来店し、すっかり母に信頼を置く、というわけです。
　彼女はそうして多くのお客様から支持され、気がつけば売上トップの販売員になっていました。
　私のルーツはそんな母の後ろ姿を見て育ったことにあります。

　母には、もとから「似合う服がわかる、ずば抜けた才能」があったわけではないでしょう。おそらく、自らの仕事に真剣に向かい合い、深く勉強

し、彼女なりのセンスを磨いていったのだと思います。
　それはお客様に喜んでいただくためであり、ただ「商品を売る」ことにとどまっていなかった結果なのです。

　「勝つ」ことと、「売る」ことは似ているように感じます。
　目の前の「勝ち」や「売り」にこだわりすぎると、本質が見えなくなってしまう時があるのではないでしょうか？
　世の中にあるどの商品も、どのサービスも、誰かの笑顔のため、誰かを助けるため、誰かの役に立つために存在しているはずです。
　でも、「勝ち」「売り」にこだわりすぎると、誰かの幸せよりも自身の利益にフォーカスしてしまい、サービスの本質を見失います。

　7ステップは「勝つ」ためのマーケティング手法ではありますが、そうなるために一番想い出してほしいことをステップ1で伝えています。
　そして、どうしたら最も必要としている人の元に届けることができるのか？　をステップ3とステップ5で伝えています。
　失敗する原因は「情報不足・慢心・思い込み」と教えてくれた人がいます。そうならないための方法をステップ7で伝えています。

　私はこの7ステップを作るときに、たくさんの想いを込めました。
　それは7ステップが売れるように、ということではなく、「きっと誰かの役に立つ」という想いです。

Column 7 ▶高レスポンスの王道レイアウトはコレだ!!
「右斜めにメインコピー」は当たる！

　右は、チラシが当たる確率が格段に高いレイアウトです。
　①のメインコピーはチラシの上部に大きく左から走らせます。というのも、人はチラシを見るときに左上から「Z方向」に目を動かす傾向があるからです。このメインコピーは「読み手にとって、何を解決してくれるものなのか？」を明確にすることが最も有効です。なぜなら、**購買行動において人を動かすものは、「問題解決」か「今よりもっとよい何か」のいずれか**で、特に購買行動に顕著につながるのは「問題解決」だからです。

　その上で「今、このチラシを手にしたあなたにこんなにお得なことがあるよ」というものが②の斜め上に書くべきメインオファーです。
　なぜ斜めなのかというと、右斜め文字は「勢い」や「上昇」を連想させ、人の視覚にポジティブに映るからです。

　③の信頼コンテンツとは「業界でNo1」とか「100万本達成!!」など、商品やサービスの信頼を裏付けるものです。Zの流れで視覚を動かした場合、メインキャッチコピーの後に位置する重要な場所です。

　④のグラフは、たとえば「ヨガをはじめて嬉しかったことは何？」という問いに対し、棒グラフや円グラフで「体重が落ちた、肌が綺麗になった、便秘が解消、腰痛が解消」などをレイアウトすることで、メインキャッチコピーの証しになるので大変有効です。グラフがあることで、きちんと調査をしている、裏付けがしっかりしているというイメージが湧き、何となく広告の信頼度を上げて見せる効果があるのです。

チラシ作りに有効な4つの要素

子供の成績で悩んでいる親御さんなら「必ず成績をアップさせます！ 成績保障制度あり！」、ダイエットで悩んでいるなら「絶対に痩せます！ 痩せなければ全額返金！」というコピーは非常に魅力的に映る。

「○○で美しくダイエット!!」→「店舗数NO１！」のようにメインキャッチコピーの裏付けとなるものが望ましいが、「NO１」と書けるものが特になければ「成功者数続出！」のような抽象的なコピーでもOK。

① **メインキャッチコピー**
（何を解決するものなのか）

③ **信頼コンテンツ**
（商品・サービスへの信頼）

④ **グラフ**
（広告自体の信頼度アップ）

② **斜めにメインオファー**
（今なら何が得なのか？）

「ご存じですか？ 下腹部は歳と共に皮下脂肪がつきやすい傾向にあります」など、一般論のグラフでも可。

著者が手掛けた当たりチラシの中には、この手法を使っているものがいくつもある。同じレイアウトで、斜めではなくまっすぐ横に文字を走らせると、レスポンスは低下。

付録 必見!! ７ステップ実例集 ▶ VOL.1

愛用者インタビューで感動！
通販化粧品会社編

　さて、私が今まで７ステップを実践してきた中で、最も感動した事例をいくつかご紹介していきます。

　まずは、株式会社ティーエージェントさん。「メディプラスゲル」というオールインワンゲルが大変人気で、売上累計300万本を記録している化粧品通販の企業様です。
　50代なのにまるで20代に見える愛用者の方をモデルにしたチラシ（右ページ）で飛躍的に注目を浴び、2013年には通販売上伸び率で第１位になりました。
　十分に成功されている企業様なのですが、モデルさんの魅力に依存するところの多い広告だったので、企業ブランドとしてのよさを最大限に発揮した広告を開拓することを７ステップでめざしました。

　STEP 1の「既存顧客アンケート」にはたっぷり１ヶ月以上をかけて、「なぜ、みなさんがそんなにハマってしまうのか」、その真相を追求しました。
　３日間で約10名の愛用者の方にインタビューをした時には、１時間ほどのインタビューの最後に、「○○さんがお友達に勧める時、いったいなんと言って勧めていらっしゃるのですか？」と必ず聞いていました。

　インタビューにいらした方はお友達紹介率が最も高い方ばかりでしたので、ここから素晴らしいコピーが生まれるはず！と思ったのです。
　ところが驚いたことに、インタビューした全員から「私は誰にも自分か

（企画制作：株式会社東通メディア レスポンス研究所）

らは勧めていないんです……」と一様に同じ答えが返ってきました。

では、なぜこんなにお友達を紹介されているのでしょうか？

答えは簡単でした。

「使いはじめて１ヶ月くらいすると、みんなが聞くんです。いったい何したの？ すごくきれいになったね！ 化粧品変えたの？ って」

これは１人か２人の方のコメントではなく、**インタビューした方全員が同じ答え**なのです。

もしかしたら人には内緒にしておきたかったかもしれない。でも周りの人から「一体何をしたの？」と必ず聞かれてしまうほど、彼女たちは美しくなったのです。

さらに、インタビューした方々が皆、語っていたのが、この化粧品への感謝の想いでした。

ある方は「つらかった時を、この子（メディプラスゲル）とともに過ごしたことで常に健やかにいられた」、またある方は「何をやってもボロボ

付録 必見!! ７ステップ実例集

ロの肌で諦めかけていた時にこの１本に出逢って救ってもらえたことで、人生が変わった、女性としての幸せをつかむことができた！」などと、しばしば擬人化されるほどの愛用品という内容でした。
　皆、この化粧品で人生が変わり、幸せになったという方々ばかりでした。

　その他に、みなさんが一番効果を実感していたのが「うるおい」に続いて「ハリ」でした。この価格に対して想像していた期待を超える効果に驚いたようで口を揃えて「たった１本だけで…まさか」と購入前の疑いが信頼に変わった瞬間を表現されていらっしゃいました。

　そうしてできた右のサムネイルの中から、アンケート結果により以下の４種が選出されました。

　１位：E案、２位：C案、３位：F案、４位：A案

　１位はE案。購入前の「たったこれだけ⁉」の気持ちに答えるクリエイティブが１位となりました。
　インタビュー（A案）は惜しくも４位でした。インタビューでの驚き感、リアル感を紙面で伝えるには難しかったのかもしれません。

　実際の折込みテストの結果はというと、かつての大ヒットチラシのレスポンスには追いつかなかったものの、１位を取ったE案は商品力、ブランドの価値をより強くアピールしたチラシとして合格ラインに達しただけでなく、モデル依存型からプロダクト訴求型への一歩を踏み出すことができたのです。これは新たな広告戦略の開拓につながりました。

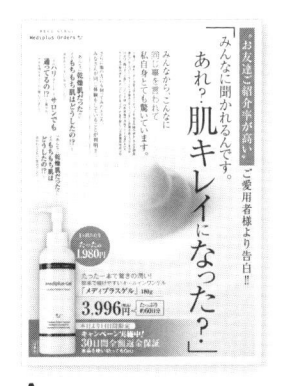

A B C

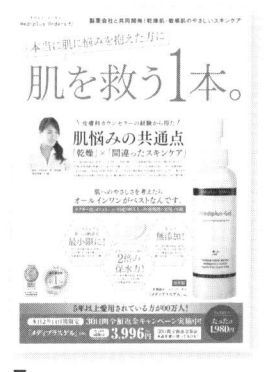

D E F

G H

付録 必見!! 7ステップ実例集

付録 必見!! 7ステップ実例集 ▶ VOL.2

驚き！ 待ち型から提案型のお店へ
町の薬屋さん編

　次にご紹介するのは、ヒルマ薬局さん、フジイ薬局さんという町の薬局屋さんの事例です。
　薬局というと、お薬を売っているお店ですよね。お医者様にかかるほどではないけれど、症状を伝えて薬を選んでくれたり、ちょっと萎えた気持ちをほぐしてくれる感じもあって、「相談できる」という点で私はとても好きです。

　ある日、ヒルマ薬局の比留間先生から「薬局でダイエットができる！」といった内容でチラシを作りたいというご相談を受けました。

　え!?　薬局ってダイエットできるんですか？

　そもそもそのようなものがあるとは知らなかったし、ダイエットは永遠のテーマなので、仕事そっちのけで、「なぜ、薬局でダイエットができるのか？」に聞き入ってしまいました。
　すると、こういうことだったんです。
　そもそも人は自分を管理することがとても苦手。誰かに見てもらっている、励ましてもらって目標を達成した時にほめてもらえる、これがあるとがんばる力が湧いて、ダイエットの成功確率が上がるのだそうです。
　もちろん、薬局ですから薬剤師やカウンセラーが現在の状態をヒヤリングした上でその方にあった個別のオリジナルメニューを作成し、徹底的にサポートしてくれるのだそうです。
　肥満になる原因の多くは「生活習慣」にあるので、その改善方法を指導

し、その人にあった漢方処方のサプリメントを提案、理想の体型になるまで指導して成功へと導いてくれるのだそうです。

　風邪をひいたときにちょっと相談できるだけで元気が出たり、安心したりしますから、「身近な存在の薬屋さんがダイエットをサポートしてくれるなんて！　すごくいいではないですか!!」と思わず言ってしまいました。

　「来店客を待つスタイル」のお店は町にたくさんあります。
　たとえば花屋さん、本屋さん、文房具屋さん、電気屋さんなど……。

　こういった待ち型のお店が、お客様をただ待っているだけでなく、**商品と一緒にサービスも提案するという発想**は、これからの世の中すごく大切なことだと思うのです。
　高齢化社会が加速度的に進む世の中で町のお店屋さんがお爺ちゃん、お婆ちゃんに優しいサービスをたくさんしてくれたらどんなにいいだろうと思います。

　「物売り」から「コト売り」へ。
　それを見事に実施されていて、「相談できる薬局屋さん」の域を超えて多くの人から愛されているヒルマ薬局さん、フジイ薬局さんのチラシが次のページです。

薬局のチラシ案

A

B

C

D

E

F

今まで、チラシを撒いてもなかなかレスポンスが取れなかったのですが、アンケートで上位1位、2位だったF案、E案は実際の折込みでも今までの3～4倍のレスポンスとなりました。

特にE案の「楽ヤセ漢方！」はただ単にダイエット希望の方だけでなく、高齢の方やアトピーや鬱病など他の問題を抱えた方も相談に訪れるチラシとなりました。
「ダイエットできますよ‼」と強くアピールする広告は街に溢れているけれど、「安心」とか「優しさ」「信頼」という印象を一緒に届けることができたチラシがこのE案なのだと思います。

企画・制作の段階では2店舗で費用を折半してプロに依頼、印刷の段階では3店舗合同で実施（10万部×3店舗→30万部）し、1店舗あたりの負担をグッと下げた効率的な事例となりました。

※印刷代は部数が増えるほど1部あたりの単価が安くなります。

> 付録 必見!! 7ステップ実例集 ▶ VOL.3

アピール内容が多くて驚いた!!
新開発の入浴剤編

　ドイツではお医者様が患者さんを治してあげるのに「炭酸泉」を利用しているのをご存じでしょうか？

　炭酸泉とは、炭酸ガスが溶けた湯（250ppm以上）のことで、1000ppm以上の湯を高濃度炭酸泉と言います。

　日本にも湯治という習慣がありましたが、日本の温泉には炭酸泉がとても少なくて、その中でも保険適用されているのは大分の「長湯温泉」です。年間80万人もの人が治療に訪れ、特にスポーツ選手には大変人気があるのだそうです。

　その炭酸泉の効果を自宅で体感できる入浴剤の発明に成功したのが、株式会社ホットアルバム炭酸泉タブレットの小星重治社長です。

　コニカ株式会社在籍時代に数々の技術開発に取り組み、約680件もの特許を出願。定年後も研究魂は止まらず、2009年に世界ではじめて重曹とクエン酸の錠剤化に成功し、「薬用HotTab 重炭酸湯」を開発されたそうです。

　この入浴剤には本当に驚きました。お湯に浸かって10分もすると湯が身体の芯までグイグイ入り込んでくる感覚を覚え、感じたことのないジンワリ感、ホンワカ感で満たされるんです。お湯も滑らかで肌もスベスベになっていく感じ……温泉の美人の湯みたいなところに入って、しっとりスベスベになる感じ、アレです。

　身体に痛みがある方がこのお湯に入ると、3日もすると身体がラクになり、1週間もすると今までの痛みが嘘みたいにスッとなくなってしまうというので、10年来、神経痛に悩んでいる方に試しに差し上げたら、10日

もしないうちに治ってしまったという、驚きの声をいただきました。

　そんなミラクルな世界初の入浴剤のチラシを７ステップで作ることになりました。
　STEP１の顧客アンケートで、まずびっくり……。
　ある方は酷い皮膚病が治ってしまい、ある高齢の方は腰痛、ひざ痛が治り、１ヶ月後にはすっかり元気になってしまったというのです。
　ドイツで保険適用されているのもうなずけます。
　その他にも、肌が白くなったとか、髪がふんわりフサフサになった、そして加齢臭など気になる臭いもなくなったというのです。

　また入浴だけでなく、専用シャワーヘッドを使うと夏でもシャワーで効果を体感できるというのです。
　これだけアピール内容が多いと、一体どれをどこから手をつければいいのやら……。デザインチームとすっかり頭を抱えてしまいました。

　そうしてでき上がったデザインが次のページです。

入浴剤のデザイン案

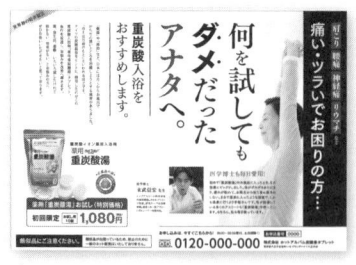

A

B

C

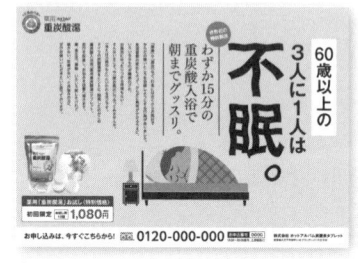

D

シャワーヘッドのデザイン案

E

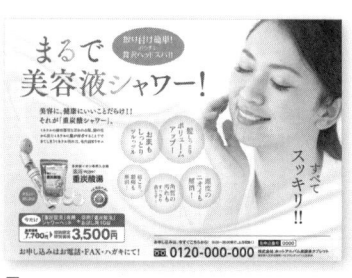

F

G

H

訴求軸が分かれる場合、アンケートは２方向で別々に取って、それぞれの勝ちパターンを持っておくようにします。このケースの場合は「入浴剤での効果」「シャワーヘッドでの効果」の２軸です。

入浴剤の１位：Ｂ案
　「入れるだけ」という手軽さに対して、「ドイツ式炭酸泉に！」という、なんだか大層な雰囲気とのギャップが人の心を惹きつけました。

シャワーヘッドの１位：Ｆ案
　事前の悩み調査では「肩こり」「腰痛」が圧倒的に多かったにもかかわらず、デザインのアンケートで評価が高かったのはダントツ「Ｆ」。「まるで美容液シャワー」というコピーが「きれいになりたい」という女性心理の常を伺わせます。

　Ｂ案、Ｆ案ともに今までの２倍以上の高いレスポンスを得る結果となりました。
　もちろんその他の案も、投下する場所によっては効果を十分に発揮する可能性があります。

　特にＤ案は高齢者層の強いエリアで高レスポンスを取ります。
　このように、勝負するシーンによって勝ち原稿を持つことのできた成功事例となりました。

おわりに

　この本を書き終えて、あらためて感じたことがあります。
　それは、7ステップは数多くの実績を体系づけたプログラムだけれど、人に何かを伝え、心を震わすことができた時、その根底には「暖かさ」や「優しさ」が必ずあるのだと。

　実は、本書のイラストは私の娘、笑里（エミリ）が描いたものです。
　文字ばかりが並ぶ本では読むのに疲れてしまうだろうと考え、ビジネスパートナーであるプロのイラストレータの方々のどなたかにお願いする予定でした。
　ところがふと、エミリが描くイラストがいいような気がして、編集の竹並さんにいくつかサンプルをお見せしたところ、「このイラスト、いいですね！　シンプルなのに優しさとか暖かさが伝わってきて、何とも言えない風情がありますね」と言っていただきました。

　「すごく嬉しい！」と思いました。なぜなら、私も同じことを感じていたからです。
　娘はプロではないので、決して上手ではありません。それでも、私が書き綴った文章に「気持ち」を添えるという目的を、エミリが誰よりも理解し、想いを込めて描いてくれたからうまくマッチしたのだと思います。

　私はシングルマザーです。
　娘はエアロビクスのインストラクターだった私についてきては、レッスン中、いつもスタジオの隅でひたすらお絵かきをしていました。
　文句などひとつも言わず、一心に絵に向かっていました。
　たぶん、たくさん我慢をさせていたのだと思うけど、そんな心配をさせないよう、娘なりの配慮もあったのではないかと感じていました。

そんな風にして親子で過ごしてきた日々が、そのまま形になった気がして、イラスト入りの原稿をはじめて見せていただいた時は感動で胸がいっぱいになりました。

　もうひとつ。
　今の勤務先であるダイトクコーポレーションに入社してからは、休みの日も出社してきて仕事をする日が少なくありませんでした。
　東京支店のソファーには、いまだにシミが残っています。それは待ちくたびれて疲れた息子の大洋が、気持ちが悪くなって吐いてしまった跡です。
「なんてダメな母親なんだろう……」
　いつも自分を責めて、でもどうすることもできなくて葛藤している時、私の誕生日に大洋が手紙をくれました。
　それは、愛に溢れた手紙でした。

「ぼくのめんどうもよろしくおねがいします。
　ママ大好きだよ!!」

その言葉が彼らしくて、泣けました。
　会社のデスクに飾ると、胸が暖かくなって、癒されては元気が出ました。

　全然、ちゃんとお母さんできてないなぁ……といつも思っていたけれど、成長した２人のことを、いつしか私は「人」としてリスペクトしていました。親の欲目というわけではなく、とてもシンプルに人として感動することが多くなっていたからです。

　そして、そんな子供たちに支えられて、私はチラシを作る仕事を続けてくることができました。

　真っ直ぐに懸命に、目の前にあることに向かっていれば、その姿を暖かく見守ってくれる人が必ずいます。
　私はそんな２人の子供達の「暖かさ」や「優しさ」に包まれて、がんばってくることができました。

　チラシとはまったく関係のない話をしているように思われるかもしれませんが、根本は同じなのだと思います。

今、あなたの目の前にいる誰かを
幸せにしたい、笑顔にしたい
という想いがすべての基本である

　ということです。
　その想いがよい広告作りにつながり、お客様とのよい関係を築く基本になると思うのです。
　作り手の懸命さが息づいた広告は、いつの時代でも一番人の心を打つ最強の営業マンになると、私は信じています。

著者略歴

有田直美（ありた なおみ）

株式会社ダイトクコーポレーション レスポンスアップコンサルティング事業部長
1965年東京生まれ。1男1女の母。エアロビクスのインストラクターを経て、2003年、ダイトクコーポレーション入社。広告業界未経験ながらも、独自の主婦目線で手掛けたチラシが次々に記録的ヒットとなる。営業マンの平均売上が月間3,000万円のところ、1億円以上を連続達成し、女性初の営業部長に就任。大手企業の広告コンサルティングや若手営業マンの指導にあたる。2013年レスポンスアップコンサルティング事業部を立ち上げ、独自のチラシ作成プロセス「7ステップ」を開発。徹底した消費者目線による売りの炙り出し方、クリエイティブ開発、テストマーケティングを確立させ、数々の成功実績を作る。

反響が事前にわかる！　チラシの撒き方・作り方7ステップ

平成27年7月8日　初版発行

著　者 ── 有田直美

発行者 ── 中島治久

発行所 ── 同文舘出版株式会社
　　　　　東京都千代田区神田神保町1-41　〒101-0051
　　　　　電話　営業03(3294)1801　編集03(3294)1802
　　　　　振替 00100-8-42935
　　　　　http://www.dobunkan.co.jp

©N.Arita　　　　　　　　　　　　ISBN978-4-495-53071-6
印刷／製本：三美印刷　　　　　　 Printed in Japan 2015

JCOPY ＜(社)出版者著作権管理機構 委託出版物＞
本書の無断複写は著作権法上での例外を除き禁じられています。複写される場合は、そのつど事前に、(社)出版者著作権管理機構（電話 03-3513-6969、FAX 03-3513-6979、e-mail: info@jcopy.or.jp）の許諾を得てください。

仕事・生き方・情報を　DO BOOKS　サポートするシリーズ

あなたのやる気に1冊の自己投資！

ビジネス図解
通販のしくみがわかる本

大石　真 著／本体 1,700円

数字を正しく見て、パートナー企業を上手に活用すれば、小さな会社でも、小資金でも、通販で成功することはできる！　支援実績500社のコンサルタントが教える、通販のしくみと実務がわかる1冊

同じお客様に通い続けてもらう！
「10年顧客」の育て方

齋藤　孝太 著／本体 1,500円

10年顧客が増えると、売上・利益が安定する！大手チェーン店には真似できない「売場・接客・販促ツール・イベント・スタッフ育成」でお客様との関係を深めて、安定的に売上を伸ばしていこう！

店長のための
「稼ぐスタッフ」の育て方

羽田　未希 著／本体 1,400円

店の売上アップには、スタッフの成長が不可欠。800名以上の部下、パート・アルバイトから学んだ、「自分で考えて売上げ・利益を上げるスタッフ」を育成する近道と効果的なやり方を解説！

同文舘出版

本体価格に消費税は含まれておりません。